天津记忆第二十七种

主编 王振良

顶上功夫

宝坻剃头匠的历史记忆

天津社会科学院出版社

甄建波 著

图书在版编目（ＣＩＰ）数据

顶上功夫：宝坻剃头匠的历史记忆／甄建波著. --
天津：天津社会科学院出版社，2018.12
（天津记忆／王振良主编）
ISBN 978-7-5563-0528-5

Ⅰ.①顶… Ⅱ.①甄… Ⅲ.①宝坻区—地方史 Ⅳ.
①K292.13

中国版本图书馆 CIP 数据核字(2018)第 287468 号

出版发行：天津社会科学院出版社
出 版 人：张博
地　　址：天津市南开区迎水道 7 号
邮　　编：300191
电话/传真：(022)23360165(总编室)
　　　　　　(022)23075303(发行科)
网　　址：www.tass-tj.org.cn
印　　刷：北京盛通印刷股份有限公司

开　　本：880×1230 毫米　1/32
印　　张：13.75
字　　数：308 千字
版　　次：2018 年 12 月第 1 版　2018 年 12 月第 1 次印刷
定　　价：68.00 元

剃头技艺流程图(一)

洗头

荡刀子

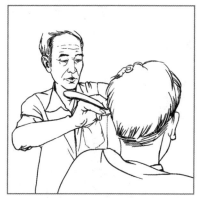

剃头

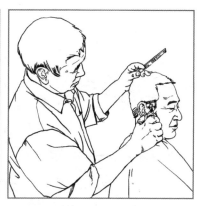

推头

剃头技艺流程图(二)

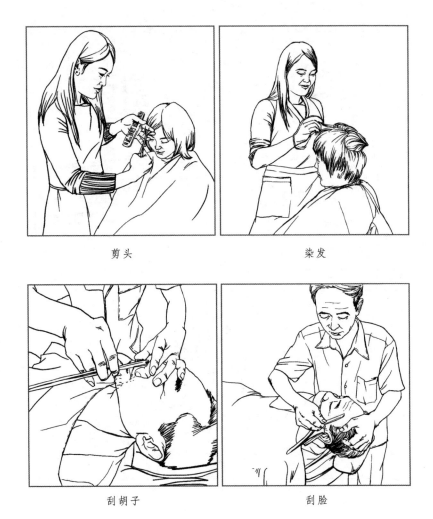

剪头　　　　　　　　　染发

刮胡子　　　　　　　　刮脸

剃头技艺流程图(三)

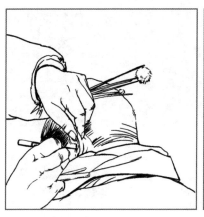

掏耳朵

剪鼻须

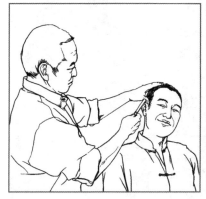

取耳

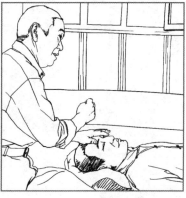

放睡

剃头工具实物图(一)

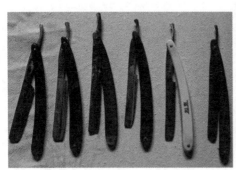

剃头刀子

剃头挑子

木笼

刀荡子

木把推子

剃头工具实物图（二）

理发凳子

唤头

铜盆

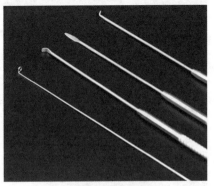

掏耳朵工具

火钳子

刷子

耳掸

剃头工具实物图（三）

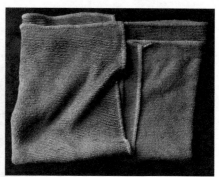

毛巾

磨刀石

推子

吹风机

梳子

椅子

剪子

序一：剃头挑子出宝坻

徐凤文

中国三百六十行,哪个行当最出名?

有人要说是剃头师傅,您还别不服。论知名度,剃头匠知名度比一般行业的人都要高;论技术,"虽是毫末技术,却是顶上功夫",昔日剃头师傅的十六门功课按现在说,随便拿出一两件来都够养家糊口的;论影响力,过去剃头的属于官差,敕封"待诏",这就难怪老金先生(金岳霖)当年总爱说这句"与其做官,不如开剃头店。"

郭荣启的相声里曾有"宝坻县,剃头的多"这样的包袱。清朝时候不用说了,剃头匠几乎被京东宝坻人包圆了。即使到了民国时期,京津冀及东北等地从事剃头(理发)的老师傅,也多为宝坻人,以至于"剃头挑子出宝坻"成了一句尽人皆知的流行"口号"了。

剃头的,何以宝坻人多?

据1919年林传甲著的《大中华京兆地理志》记宝坻剃头业:"县东人民多整容业,在京者俗名剃头棚,今称为理发馆,东三省各县,无不有宝坻人操理发业者,虽为毫末小技,却是顶上功夫。吾国殖民海外，赖三刀为业，即剃刀及厨刀、裁缝剪刀也。"

一般人认为"理发"源于清代的"留发不留头，留头不留发"，也就是说由顺治皇帝颁布剃头令后，中国始有剃头业。这样说，也对也不对。其实，"理发"一词最早出现在宋代，有时也称"净发"。宋代即有"净发社"，《永乐大典》还专门保留了一份"净发须知"的文献，直至清代在剃头业依然流传。"剃发"以前的理发，只是梳梳头、刮刮脸、剪剪胡须而已，明代称"篦头"。至于清代以前的理发师，则称"刀镊工""镊者""镊工""篦头匠"等。

到了清代，一道剃发令改变了中国全体男性的传统发式，剃发梳辫下垂的"金钱鼠尾"成为定式。别小看了剃头这个行当，当年剃头的师傅可是有官称大号的，称为"待诏"，又称"三旗兵役"，满语为"取三"。"剃头的"则是民间的俗称。后来，官号没了，只剩下了"剃头的"这个俗名，让很多人误以为剃头匠跟修鞋的、打铁的、磨剪子戗菜刀的都是普通的民间营生。

明清改朝换代之际，剃发成为令朝野侧目的头等大事。其实，吴三桂在山海关迎接清兵入关时，即已命令全军剃发留辫。清兵进入北京城后，曾号召全国"剃发归顺者，地方官各升一级，民免迁徙"，已经将剃发上升到"国策"的高度。后来，剃发令一度因阻力较大取消。清顺治二年的六月十五日，君临天下的福临颁布了一道骇人听闻的"剃发令"：京城内外，限十日内；各省自诏令到达之日算起，也限十日之内，官军民一律剃发，违令者、逃避者，斩。后来，因剃头令引发的政治动荡持续了相当长的一段时间。

帝都十日剃头期间，在地安门、正阳门、东四、西四等主要路口均设剃头棚，内供圣旨，免费剃头。凡过往行人有留发者，拉进棚就剃，违抗者当场杀死，将人头悬棚杆顶上示众。最初实施奉旨剃头的，主要是清八旗兵。后因人手不足，将清军入关时从京东各县掳来的民夫(时称"左翼匠役伙伕")扩充入官方的剃头军，由朝廷颁发牌照，在街道、胡同建剃头棚作剃头生意，由此出现了最早的剃头棚和剃头挑子。当时干这一行当的，以京东宝坻、武清、三河、香河人为主，宝坻县人居多。

从清初到 20 世纪 50 年代前的三百多年间，北京、天津一带的剃头匠基本由宝坻人担任。曾官至礼部右侍郎的景善曾留下一部记载八国联军入侵北京时的日记，里面专门记载了一条小史料："三十日(1900 年 1 月 30 日)早起在花园遛腿，命刘顺剃头。今晚伊回宝坻县过年。"说明在景善府里的剃头师傅，也是宝坻人。

直到民国时期，京津冀及东三省地区，剃头师傅也多为宝坻人。《燕市积弊》称北京剃头的"虽然也有本京人，但究竟不多，大半挑挑儿的出在宝坻县，到了京里，大家凑在一块住锅伙儿。"赵丽蓉的父亲即剃头匠出身，据赵丽蓉回忆："历来咱们宝坻县出剃头的手艺人，我爸爸在老家练就了一手好手艺。到哈尔滨后，爸爸一人开始担着剃头挑子走街串巷去剃头。妈妈在家省吃俭用维持家。"

由剃头匠延伸到澡堂子，过去北京、天津等地的澡堂子，从掌柜的到小伙计，也多为宝坻人。江南一带的混堂则多为扬州人。宝坻人说话有特点，尾音"儿"字拖得特别明显，还有些独特的乡言特色，如"不知道"总说成"知不道"，"干什么"总说成"怎么着"，因此过去说相声的经常拿宝坻人的乡言乡音编词取笑。有一小段怯音说书词道："这个黄天霸儿，拿着个修脚刀儿，说道：'贼儿、贼儿，我给你剃个头儿。'"这样的包袱，侯宝林、马三立说未必好使，如果让郭荣启说，准响。

剃头挑子，何以一头热？

郭荣启整理的传统相声《杠刀子》中说有两位宝坻的剃头师傅比手艺，其中手艺好的那位师傅说："（学宝坻口音）我和你说，老三，你这手艺啊，也就是在这屋混饭吃，你离这屋到哪儿都没饭……就这两下子你还不行呢，我露一手你看。"拿这刀子在手心这儿"啪！啪！"杠两杠（杠即荡）……

俗话说："剃头挑子——一头热。"这个剃头挑子，说起来也算是"全副武装"，来历不凡，大有讲究。

过去的剃头挑子分"下街挑子"和"桥头挑子"两种。前者是走街串巷的，后者一般为固定在某个桥头的剃头摊。这一行也不需多少本钱，一副挑儿，足矣。剃头挑子的两头，一头热，一头凉。一条长长的扁担，这头放一个洗头的铜脸盆（俗称"铜楦子"），下面是小火炉，放在高圆笼内，下有三足，一足向上延伸成旗杆，杆上挂有钢（读去声）刀（子）布和毛巾；那头是一个带抽屉的可供剃头者坐骑的"梢搭"，理发的剃刀、梳子、篦子、钱财等就放在"梢搭"的抽屉里（一般凳腿间有三个小抽屉）。剃头的主顾一来，剃头匠给他围上护布，在铜盆的热水里把他的头发洗净泡软，伺候他在"梢搭"上一坐，剃头就开始了。

剃头挑子上的各种用具的名称和用途，大多源于清军入关后八旗兵的军用用品，后逐渐演变，皆有明确的含义及行话，故事可多着呢：大铜盆，行话叫"海"，最早是旗兵里剃头匠用的铜盆；取水用的木瓢，行话叫"镇海"，乃旗兵饮水用的水葫芦；煮水用的火罐，是旗兵用的军用火药罐；放火罐的红色圆笼，最早是用来装违抗剃发人的头颅的；圆笼旁边立着一根刁斗旗杆，原是供奉圣旨的，龙旗上面写着"留头不留发，留发不留头"；刁斗上挂着的牛皮制的磨（或钢、鐾）刀布代表剃发令的敕轴；扁担另一头红色的小凳，是砍头用的木墩;围在剃发人胸前的大蓝布围巾行话叫大竹篮,是朝役的围裙;长木扁担,最早为杀人用的砍刀;长木扁担上捆着的白色长绳,是绑人用的"法绳";红色小凳下面抽屉里的大小剃刀,俗称小家伙,是用来凌迟(剐)人犯用的工具;刁斗左右盘绕的铜丝,叫作"耳扦子",用来扦犯人耳朵的;接剃下短头发用的笸箩,是军用的"缘牌";剃头匠手持的响器叫"唤头",又叫"响铁",天津也叫铁簧、梭子、铁琴,雅称"报君知"。以上这些剃头用具,清初均由官方统一发放,不得私人订制,也不得随意增减。

剃头匠最有代表性的标志性工具,就是报君知的"唤头"了。剃头匠无须跟其他走街串巷的商贩一样,扯开嗓子满世界地吆喝,而是以"唤头"响器(是两片似镊子的铁片,形如镊子而口部微闭,用铁棍在中间急速拨出,就发出嗡嗡的金属振动声)招徕顾客。唤头多由两根条铁制成,近代改为钢制,一头烧结成把,另一头微张,全长一尺二寸,左手拿着它,右手用一根五寸长的大钉子从两片夹铁中向上一拨,发出哗哗的响声,音极好听,声传可二三里。人们听到"哗哗"的"唤头"声,便知道"剃头的"来了。

有人要剃头了,剃头师傅就将担子一落,在交叉路口旁、向阳背风的城墙根儿等地儿搭上个布棚子。剃头匠和剃头的人一边晒着日头,一边说笑着,舒舒服服暖暖和和,不多会儿就剃好了。到后来,剃头的工具逐渐演化,剃头刀不仅有中式的,还有洋式的,甚至使用进口的。到20世纪四五十年代,一般剃头师傅的标配为:推子、剪子、刮脸刀、围裙、脸盆、坐凳各一,毛巾、木梳、刷子各二。

清光绪末年,社会风气渐开,北京的行业公会渐多起来。有趣的是,那时的理发业打着"整容"的旗号。理发业的行业组织,则称整容公议会。1909年,"内廷剃头首领王殿臣等"筹划成立"京师整容行公益会"，规定"京师各剃头棚及担挑之人，每人每月铜圆六枚，名为整容行公益会，所为祭神并同行有病老之人，埋葬置义地……"进入民国，辫子革命，剃发梳辫逐渐被"马子盖"(即比背头还要长的一种发式)及短发所取代，到五四运动前后，北方男子不仅彻底废除了辫子，但那时候男子发式主要为分头型(洋发型)，女子发式主要为"刘海式"。

辛亥以后，剪发盛行，原剃头匠多改行成理发师，走街串巷的剃头挑子多改为剃头店(老天津多称剃头房子)，门外挂的布幌或木幌上书"朝阳双耳，灯下剃头"或"开业大吉"等广告语。

天津理发业兴起较晚，直到 20 世纪 20 年代初，"理发店之生意，尚不及剃头店之盛。"据胡朴安《中华全国风俗志》说，"蓄辫之恶俗，反较他埠为独甚，无论上中下三等人，剪发者殆居最少数"，最奇怪的是租界的华人巡捕，大多脑后拖着一根长辫子。到 30 年代初，上海、江苏等地很多技术高超的理发师来津，陆续开办了中山、仙宫、孔雀、白玫瑰、南京、大光明、新南京等新型理发店(有的叫理发馆)，而流行三百多年的剃头挑子依然并行。

过去剃头师傅，不论男女均可接待，其行话称男活为"瞧背"，女活为"八条"。一般人以为剃头师傅无非剃头或理发而已，其实，后面还有更精彩的节目呢。按宝坻师傅的行话讲，叫"放睡"，就是从头顶到腰部进行按摩。据说，当年的剃头师傅都要掌握十六种技巧，前八种是顶上的活，为剃(头)、刮(脸)、梳(头)、编(辫)、掏(耳)、剪(鼻须)、剔(眼)、染(发)；后八种为身上的活，即捏、拿、捶、按、接、活、舒、补。这后八种技艺，剃头行中的行话叫"满彩"，有的说是十一种，即捏、掐、捶、攥、揉、搓、剁、弹、捺、敲、刺。后来，剃头十六技减少到 4 种，只有剃头、刮脸、剪鼻须、掏耳朵了；到如今，就只剩了名副其实的"剃头"了。直到 20 世纪 80 年代,天津理发业的行业标准里,关于刮脸依然有这样的规定:"胡须要闷透,做到走刀轻,运刀快,长短刀结合,脸、眉、额、眼窝、耳垂等部位刮到、刮净、不痛、不破、不翻茬"。这样的标准,还具有当年宝坻剃头师傅的"待诏"遗风。

2015 年 6 月

序二：记录心境和感受历史

李治邦

甄建波很幸运，他生长在剃头传承很有根基的天津宝坻，蕴藏着丰厚文化的潮白河畔。他的这部《顶上功夫：宝坻剃头匠的历史记忆》很特别，也很有嚼头。他通过103位不同经历的剃头匠口述，写出一种朴实无华的心境，写出了秦城故地剃头匠兴衰的动人故事，折射出许多人生的道理以及丰厚的情感世界。这些记录有的注重技艺，有的注重折射当时社会一角，有的注重精神世界的描述。甄建波驾驭语言的能力很强，即使对方说的三言两语他也能创造出耐人寻味的故事，而且会给这个故事赋予文化价值和社会力量，把宝坻传统的剃头匠生活和经历写出一种历史感和沧桑感。口述史是很不好搞的，而甄建波却一口气采访了103位，重复的可能性很大，抓住每位的不同心路非常难。甄建波牢牢把握一点，那就是在这么多位剃头匠生活里，坚持写出一种朴实无华、一种没有刻意雕琢但又充满各种文化符号的作品。比如戏弄国民党大官的小快刀王庆槐，给百位将军理过发的白振普，在煤矿上曾给尚小云、马连良、张君秋理发的钱秉刚等,都能折射出许多社会的映象。

现在人们阅读文学的视野宽了, 就开始喜欢梁实秋和周作人的散文,他们是说人怎么活着,主要是跟着真实的感觉走。甄建波的这部《顶上功夫:宝坻剃头匠的历史记忆》,也恰当地传承了这点,他用的就是一种直抒胸臆的文体。说起来,口述史的写作绝对不同于小说,没有虚构,常常缺乏情节和故事;也不同于诗歌,没有那么夸张和讲究韵律, 没有纵横上下对社会的呼唤。甄建波这部《顶上功夫:宝坻剃头匠的历史记忆》,则比较充分地表现了回归真实,记录了一种难以忘却的心境,使人重回到那个充满酸甜苦辣的生活年代,让我们从中了解历史,体味当代。我们仿佛看到,甄建波正伏案记录自己的真实心境,讲述自己的真实感受。

我阅读过甄建波的小说,还有他的散文,应该说他是一个有情怀的人,自己跟自己较真的人,也是肯于吃苦的人。相信,他的这部《顶上功夫:宝坻剃头匠的历史记忆》是很费了工夫的,103 位理发师要一个个采访记录,然后一个个整理充实,又一个个不动声色地提升文化内涵和社会变迁含量。甄建波写的每一个剃头匠都是普通人物,都是老老实实的宝坻人。通过书中配发的采访照片就能看出来,每个人都是那么朴实憨厚。而在甄建波的笔下,他们又是那么美好。写刘军,记录了一种做人的态度,也是剃头匠这行当里的规矩;写崔沛,积攒着自己对生活对时光的热爱和钟情;写杨永发,可看出宝坻剃头匠的颠沛流离, 承载了宝坻剃头匠四处理发所产生的影响和声誉……当年宝坻剃头匠抛家舍业, 带着自己的理发工具谋生,既有心酸的历程,也有社会的贡献。他们有职业感,对生活,对社会,对各种事物,宝坻剃头匠都是有原则的,那就是认认真真理发,规规矩矩做人。

甄建波对宝坻众多的剃头匠是有选择采访的，他知道怎么寻找支撑点，他懂得什么是最珍贵的最有价值的史料。甄建波是个不拘泥形式的人，知识所及随意性很强，在这部集子里就可看出他涉猎的领域很多。我主张，文学就是不要粉饰自己的生活，甄建波就没有去粉饰生活，没有戴着假面具去无病呻吟。我读他的这部《顶上功夫：宝坻剃头匠的历史记忆》，能感觉到他的真诚，他的直抒胸臆，而不是我讨厌的玩命儿作虚伪状。

我觉得甄建波是个写作的料，他的博学，他的灵性，他的渴望，都给人留下深刻的现象。文学或者历史都是一本奢侈的教科书，它总要给人以启迪。我曾对甄建波说过，文学是锻炼你、熏陶你的方式，你浮躁了，焦虑了，是不会写出好文章的。如今读到甄建波的这部著述，我真的为他高兴和庆幸——他不但没有浮躁，而且通过文学又开始进入历史领域，并且拿出了实实在在的成果。

2016 年 8 月

目　录

学艺

行规

绝技

艺德

品节

情缘

苦难

乐趣

游方

平凡

传艺

轶事

附录：传说

学艺

　　要想成为一名出色的剃头匠，就要在学艺的过程中下苦功夫，挨打受骂全不怕，因为这是一个赖以养家糊口的手艺，值得！虽然不能让你大富大贵。宝坻剃头匠在学艺过程中，发挥聪明才智，利用各种方法，将剃头手艺集于一身，为今后的"江湖"闯荡，打下基础。哪怕是回炉深造，在梦游中练功，更让我们感受到宝坻剃头匠毅力之坚韧，精神之顽强。

偷艺儿

刘金生,1938 年生,牛家牌镇吴家牌村人。1953 年去天津市河西区挂甲寺"殿兰理发馆"学徒,讲述了学剃头的时候,是怎样通过"偷艺儿",把剃头技术学到手的。

采访时间:2015 年 7 月 8 日

剃头行话说得好:

唤头打得妙,七步之内,余音未消。
唤头打不好,一步就完了!

听说,日伪时期才有推头的,是从小日本儿传过来的木头把推子,双手推,最后是弹簧推子和电推子。咱们中国用的刀子是木头把,前宽后窄。那会儿磨刀用青石板,最后才加的磨刀泥。在清朝,剃头匠就是剃头、打辫儿、留锅圈儿(给清朝人理发的程序)。

用筷子当剃头刀子练腕子的灵活性

我14岁那年,有一次晚上,在北仓一带溜达,看到一家剃头棚,用白漆油的,也没有幌子没有店名。我挺好奇的,就趴在窗户旁往里偷看,里面挂的盘灯(油灯):上边有一个大圆盘,罩着一个泡子灯。日本的时候点洋油,讲究的用煤油点汽灯,白亮儿白亮儿的。按说,我是不能趴窗户偷看人家剃头的,可是里面剃头的情景像吸铁石一样,把我吸在窗户上了,我心话儿:咋着也得偷一两招儿回去。只见里面有两位白发老人,正在给顾客剃头、刮脸。他们用的不是现在的刀荡子,也是皮子做的,但却是套在中指上,用的刀子是前宽后窄木把传统中国式剃头刀子。听师傅说,刀子要是蘸好火,非常好使。他们荡刀子与众不同,发出的响声非常好听,只是那声音不好用文字表示:bēnr、bēnr、bēnr、bār、bār、bār。等刀子到头上,那音儿更脆了,欻儿、欻儿、欻儿;甩沫儿

用筷子示范剃头

时是 piār、piār、piār。一看就是老手艺人。欻儿,指的是那刀下来以后,手腕往上一弹,刀子上粘的肥皂沫 piār 地甩出去了,根本不用手撸。两位老师傅的剃头技术已经到了出神入化的境界。

由此,我想起师父告诉我的话:荡刀子要上磨七下磨一。上刀刃多荡,七下;下刀刃轻荡,一带就行。如果把下刃磨大了,上刃磨小了,刀子就会立着走,横着刮,一刮一溜口儿。必须平剃,就跟小猪子刮毛似的,一走,就走一溜儿。钢口硬的重点,软的轻磨,一般都是自己用。这才叫正式的剃头棚,必须使笨刀子(老式木把剃刀)。

这情景对我触动很大,对我以后的学艺有很大影响。

我在 1953 年,本来是想跟我四大爷学修理钟表,由于跟我四娘闹别扭,我才学的剃头。那会儿,我四大爷没儿子,要我过继给他,我四娘愿意让她侄儿过继,我就不干了。跟我二姨夫学理发了。后来我二姨夫去了天津市起重机械厂了。我借了本村牛福臣的光。牛福臣原来就在天津剃头,他跟齐国珍(天津资方代表,原来开理发所,一公私合营,他当了副经理)关系非常好,牛福臣介绍我找齐国珍,我就直接去了河西区挂甲寺"殿兰理发馆",算半师半友,不算学徒,算半个师傅。拿的钱比正式师傅少,四六分成,公司四块,不管饭。我学习特别上心,那会儿没人手把手教,讲究"偷艺儿":刮脸怎么顺刀子,到哪儿地方又怎么欻,这手又怎么扒……我在给师傅们打下手的时候,就留心看,其间,我又去北仓那家剃头棚趴窗户,没少偷到"干货",后来不让单干了,那家剃头棚关张了。那时候,你要想学得快学得好,人还就得"贼"点儿。

就说刮脸的指法吧,大拇指顶着后边,二拇指捻着……讲究吊腕子,像不像三分像,站有站相,不能大虾米抽鸡爪儿,抽筋带弯腰。你得把身子挺起来,胳膊伸出去,这些都是"偷艺儿"得出的经验。我把这些剃头的要领都传给我儿子刘洪涛了。

　　我在天津剃头时,还听过一段小故事。一个老乡,叫郝万通,他在南市剃头,能说会道。有一特务姓侯,侯队长。一去,他就赶紧替他拿帽子,挂衣服,如果不剃头,他就给侯队长擦擦皮鞋。那会儿郝万通才 14 岁。一次侯队长逗他,赶明儿做我干儿子吧。这孩子马上跪地上就叫干爹。侯队长拿出名片,去鞋店拿双好皮鞋,别老穿这破鞋了。后来没少给他买新衣服。最后郝万通出师了,可以干活儿了,手艺还挺好。队长又娶个四姨太,他也知不道。结果他给四姨太烫头,人家左照右照,挑毛病了。郝万通不服:这么照那么照,想多好看,好看你给哪个男的看?这话捅娄子了。四姨太哭嚎着走了。一会儿,侯队长拎着马鞭子进来了,一问谁给四姨太做的活儿?郝万通说:我!咋着?你不知道他是我的四姨太?郝万通说,你多咱儿请我喝酒着,多咱儿跟我说这事着?你给我嘛好处了?队长气得把鞭子往地上一摔走了……听说,事后郝万通给他干爹赔礼道歉,这事儿才算过去。

　　我讲这个故事的意思,我不说,大伙也明白。

抱团儿

王殿佐,1936年生,林亭口镇邢各庄人。16岁去天津南开区西南角"恒裕兴理发店"学徒。因为给一个要饭的剃头,老板赶他走,关键时刻,几位宝坻师傅"抱团儿"相助,使其留在理发店。

采访时间:2015年9月8日

你们宝坻人真抱团儿,我惹不起!

我16岁去天津南开区西南角"恒裕兴理发店"学徒。老板姓李,北京人。当时店里有七八个人,有黄庄的、八门城的……都是宝坻人。

老板对我们挺好的,可是就因为给一个要饭的剃头,差点儿把我赶出去。

那天店里的生意非常好,人来人往。掌柜的也高兴,叫我也抄家伙。因为那会儿我刚学一年,还没有出师呢。我假惺惺地推

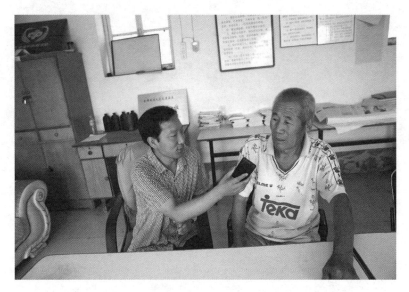

甄建波在采访王殿佐

辞一下,掌柜的我行吗?行啊。好嘛,刚说完,就进来一个男的,疯疯癫癫的,说话着三不着四的。掌柜的让我把他赶出去,因为这么多人看着呢。我没有照办。那天我有点儿私心,虽然掌柜的叫我给客人剃头,但是客人看我是生手,不愿意让我剃,我的手艺始终没有长进。正好来个人儿,就想拿他练练手。我趁掌柜的没注意,把他拽到理发椅上,他还不老实坐着,我吓唬他,不听话就不给你剃了,那家伙说话了,听话,我还得娶媳妇呢!等我仔细一看,他一脸长长乱乱的胡子,被厚厚的灰尘粘接得像稻草,浑身上下都是土黑色,让人一见就反胃,厌恶甚至害怕。我也有点儿后悔,就劝他到别的地方。这家伙把大鼻涕一甩,哭了。我说,爷呀,你可别闹啊。还别说,那天我可过了瘾了,估计掌柜的都很难剃。鼓捣差点儿俩钟头,就这也没剃好。正这会儿,掌柜的一拍我的肩膀，别剃了。你看看还有人么？我当时尽顾着这位爷了，哪儿注意到别人。抬头一看，刚才还热闹的小屋，现在就剩下几位师傅了。要饭的不管那个，站起身来，对着镜子照了一下，好啊！好啊！拍着巴掌跑了。

掌柜的当时就要给我算账，他说，都是因为你给这要饭的剃头，把大伙儿恶心跑了。今天把账给你结了，你走人吧。我说，要饭的也是人，给他剃头咋了？他一不偷，二不抢，三不嫖，四不赌，五不吸毒，六不贪污，七不受贿，别人恶心他，那是多余！掌柜的说，行了行了，我也不跟你置气。

最后，几位宝坻的师傅给我求情，掌柜的真拧，咋说也不管用。最后师傅们急了，你赶他走，让个十几岁的孩子去哪儿啊！掌柜的说我管不了那么多。师傅们一听，开始拾掇家什。掌柜的问，你们这是？我们也走！掌柜的说，为了一个孩子，砸了饭碗至于吗？我们有的是地方可以去！掌柜的一看怂了，行行行，值不当的，殿佐就留下吧，可是下不为例呀！

留是留下了，可师傅们突然对我严格了。经常让我练到夜里12点的腕子，不光是这些，每天练完腕子，都会留下一名师傅，干啥？让我练手儿啊。不到一个月，我的剃头技术突飞猛进，啥样的顾客我都能伺候，掌柜的气儿也消了。

后来掌柜的跟我说，你们宝坻人真抱团儿，我不但惹不起，我还挺羡慕。

画活儿

董彦文,1936 年生,大唐庄镇董麻庄人。16 岁在黑龙江省哈尔滨对青山镇"德顺记理发馆"学徒;19 岁在小兴安岭"伊春"林场给伐木工人理发。印象最深的是在学徒时给师傅们"画活儿"。

采访时间:2015 年 8 月 25 日

1949 年,老家发大水,庄稼颗粒无收。我们一家子逃难去了天津小树林,随便搭个窝棚住下来。有一个老乡问我们:你们咋没去登记? 我父亲问他:登记干啥? 他回答:登了记就给粥喝。当时把我父亲乐坏了。我们上哪儿登记啊? 老乡告诉我们去政府。我们一家子就去附近的政府登了记。当时的粥厂设在一个寺院旁边,每天两顿小米粥。喝了几天,感到还是吃不饱。当时,东北那地方人少地多,政府号召我们迁民,后来,政府派出工作人员动员我们。我们响应号召,报了名。当时,我们是第一批迁民的,

您给讲讲

而那时我也只有 13 岁。

我们跟着军代表坐火车，来到黑龙江哈尔滨对青山镇的一个小村庄。我们一家六口被安置在陈丙君家。他们是爷俩过日子，我们住东屋，他们住西屋。村长姓张，张罗着给我们新来的人家分粮食，有玉米、土豆、小米。开春后，我们一口人还分了三五亩地，种的玉米、黄豆、谷子。那时是三家分一匹大洋马，和我们家一组的都是我们村的人，他们是董贵臣一家和王春泽一家。后来，董贵臣一家在东北定居。那时我们都念叨共产党的好处。

1952 年，我 16 岁，父亲和我说：你是头大，下面还有三个弟弟，得学点儿手艺养家。我点头儿同意了。后来在邻居王路的介绍下，我去了镇上"德顺记理发馆"学剃头。掌柜的叫张荫荣，那时四十多岁。我和他立了徒弟状，大致内容是：董彦文，16 岁。天灾病祸，车前马后，自负。然后缀上时间。

合影留念

　　理发馆还有两个师傅,他们是吃劳金的。吃劳金类似拿工资或提成。当时是三七开,挣 10 块钱,有掌柜的 3 块钱,有师傅 7块钱。

　　我的师傅一个是哈尔滨的吴焕才,另一个也是东北的,具体地方忘了,他叫王祥。学徒管吃管住,晚上练技术,主要是练腕子。那会儿我们理发馆开门很早,基本上在 4 点多就挂上幌子。因为对面是一个大粮库,有送公粮的车把式经常进来理发。我除了给师傅打下手,还负责"画活儿",这也是当时学剃头的一个内容。那会儿,全活儿包括剃头、刮脸,一共 4 毛钱,我就用粉笔在小黑板上画一个"⊕"表示;光头 3 毛 5 分,用"○"表示;刮脸 2毛 5 分,用"×"表示;小孩儿 3 毛钱,用"○-"表示。

　　到了晚上,掌柜的打开小抽屉,把一天的钱都拿出来,当众点数,必须对上数,然后对照我画的"活儿"分钱。当时,吴师傅做的活好一些,挣得多一点儿。主要是手艺比王师傅高一点点,主头活比较多。这里还有一个规矩，比如来顾客了，是吴师傅的主顾，可是吴师傅正忙，找他剃头的就必须坐在旁边凳子上等着，不能坐在理发椅子上，一上去，就代表随便一位师傅就可以给剃头。这就叫主头活或认人活。两个师傅从来没因为这个红过脸。

我19岁出师，到小兴安岭"伊春"林场工会理发部，给伐木工人剃头。那会儿伐木工人拿着剃头票来剃头，剃头票是林场工会发的，我再凭票领取工资。一个月挣七十来块钱。那时理发部数我技术高，找我剃头的工人很多。

记得，有一个叫杨国库的伐木工人，他是东北人，长得五大三粗，说话瓮声瓮气：董师傅，我就相上你的手艺了，只有你刮得了我这连鬓胡子，而且，让你剃头、刮脸就是舒服。有一次，他伐木回来，找我剃头、刮脸。剃头时我俩还聊着天，到刮脸时，他就躺在椅子上睡着了，我认为是太累了，也没叫醒他，小心翼翼地给他刮脸。完活儿之后，他还睡呢，我就叫醒他。他一划拉脑袋和

画活儿

脸,高兴地说,你的手腕子练得咋那么活？刀子贴在我脸上就像
小虫儿爬一样。那感觉非常舒服,愣把我刮着了。还是你们宝坻
剃头匠的手艺地道。

后来我想起掌柜的话,他常说,"画活儿"也能练腕子。看来
他没骗我。

混口窝头

　　王印林,1933年生,大唐庄镇南里沽村人。20岁跟本村王树仿学剃头,初衷是混口窝头吃。出师后,到黑龙江三叉林业局给伐木工人剃头,因技术不过关,被单位辞掉。公私合营后,刻苦学艺,被评为五好职工。

　　采访时间:2015年8月30日

　　1953年,我20岁时,跟着本村的王树仿学剃头。他在沈阳剃过头,日本人投降后回的家。那会儿,他整天教我练腕子,练基本功。我学剃头就是为了学点儿手艺,在外边混口窝头吃,所以没认真学,学了冬仨月,王树仿见我没啥出息,人家就不教我了。我大刘坡的姐夫于春深在黑龙江三叉林业局工作,让我给林业工人剃头。转年开春,我就去了。到那里,不给工资,剃头的钱归我。当时剃一个大人头2毛钱,小孩头1毛5分。主要是给伐木工人和他们的家属剃头。林业工人中,山东济南和东北人多。他们都

混口窝头吃

是受苦人，要求不高。工人们不爱剃头，主要是刮胡子，头发长点儿没关系，主要是天气太冷。有一次，我想给一个工人剃剃头，被他拦住了。我说白给你剃，看你这头发都乱成鸡窝了。他说，师傅，我知道你是好心，可你知不道山上有多冷啊？多咱放假再剃吧，你还是给我刮刮胡子吧，这胡子一长，一上山，回来就冻上冰碴了，非常别扭，两三天就得刮一次。那时我的技术并不太好，内行人叫我们"小力巴"。刮胡子尽拉口子，干了一年多，人家不愿意用了。

1954年，我经本村李德芳的介绍去了北京。他哥哥叫李德厚，在北京钢铁学院做食堂杂工，经常照顾我们。我夹包剃头，一直到1959年。五年中，我和李德树住的是东城区前花园客店。

我经常去六铺炕皇寺庙（最后改成炮兵营了）。有一个老菜农，五个儿子，那时他的儿子都比我大，给他剃头印象最深。在交谈中,得知他救过八路军伤员。那会儿他正往菜园子里拉粪,遇见日本人在追八路军伤员,他赶紧把八路军伤员藏粪车里了,等出来时,那个伤员的血把车都染红了。五年中去的地方很多,春夏秋冬都得跑,一天就挣个住店钱、糊口钱,不易啊!

公私合营后,我入了北京东城区的一个门市部,成了一名正式工人。那时生活有保障了,一年四季在屋里。一般的理发工人,开始入社每月给 20 元饭钱,住在理发馆宿舍。咱们家乡的人不多,怀柔、顺义的多。人家说我技术不行,我就利用业余时间参加了学习班,一般都是在大理发馆,如"四联理发馆"

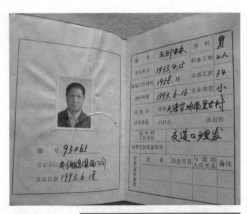

▲ 退休证
▶ 服务证
▼ 荣誉证

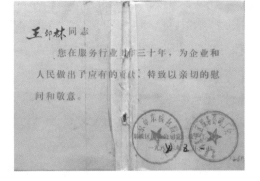

这刀好使！

"美白理发馆"，自己又下点儿功夫。当时有一个三河县的老师傅对我帮助不小，教我技术。告诉我，你也不回家，下班儿了，看看门儿，打扫一下卫生，多干点活儿，年轻人嘛！他还告诉我一个秘密：你别老用"上海双箭"刀子，自己买把"德国小七号"，这刀最好使。

通过学习和老师傅的点拨，我的技术提高了，工资也上去了。连续三年被评为五好职工。1963 年，工资涨到每月 60 元。后来，我被先后调到"小百灵寺""和平街"理发店。1979 年正式退休。看来我学剃头的初衷是不对的。

回家后，舍不得丢下剃头工具，在家又干了八年，主要为方便村里人剃头理发。

学好技术再剃头

安学良,1938 年生,林亭口镇高康马村人。18 岁跟叔叔安广河在天津河北区金钟河大街学了两天半手艺,就开始夹包剃头,因技术不行,被人笑话。安学良发誓练好技术再剃头。

采访时间:2015 年 9 月 7 日

我 18 岁去天津跟安广河学徒。那时候是晚上学剃头,白天去剃头。我在前面走,师傅后跟着。当嘟——当嘟——唤头打得脆响,得意得我直跟师傅说,咋不来个老头儿让我练练手儿?师傅说,我看你还是先剃胎头好,遇到老头儿就完了。我问师傅为啥?老头儿说句损话,让你醒三宿。我说我不信他有那么大劲头儿。说着说着,我就听到,小伙子,请到家里给我剃个头。呦!我说师傅真来个老头儿。我一回头,师傅早躲起来了,我这心就感觉惶惶的。

果真有一个老头儿,连鬓胡子。我一看就眼晕,仿佛才意识

我这心就感觉惶惶的

到,我可就学了两天半手艺。我转头想走,老头儿一把拉住我,劲儿还挺大,小伙子,走上我家去,好几个师傅都没剃好我的胡子。我一听心里更害怕了。没办法,只好跟老头儿来到他家。我问,看上去您这胡子又粗又硬,我这把刀子也该磨了,要不我明天再上您这来? 老头儿说来不及了,我二闺女明天就该出门子了,我不能给闺女姑爷丢份儿啊! 说完自己搬个凳子上面等着去了。我一看这架势,算是跑不了了。突然一个人影在门口一晃,我想肯定是我师傅不放心,在外面蹲墙根儿呢。心话剃就剃,剃不好还剃不坏吗? 我按照师傅教我的,想拧个热手巾。老头儿说,那边桌子上的暖壶里有热水,旁边盆架上啥都有。我倒满热水,正泡手巾。老头儿又说话了,小伙子,别把热水一下子就倒盆子里,待会还得用呢。我心话这老头儿真烦人。我把手巾拧干,放在老头儿胡子上敷了一会儿,拿开手巾,抄起刀子就想刮。就听外边有人喊,还没打肥皂沫呢。我听出来是我师傅的声儿。老头儿问，外边是谁呀？我说我哪知道？我给他打上肥皂沫，过了一会儿就开始刮胡子。结果忘了从哪下刀了，我手拿剃刀上下左右比画了半天，就先从左边就下了刀子。就听老头儿嗷的一声，从凳子上站起来了。下巴让我拉了一个大口子。血都把胡子染红了。他说，你这小伙子到底会不会刮胡子！这会儿我师傅赶紧跑过来了，这跟人家赔礼道歉。还是我师傅手艺棒，从老头儿的脑瓜顶取点油泥，抹在口子上，一会儿血就止住了，然后给他刮胡子。就这样也用了半个小时。完事儿后，我师傅拉上我就走。老头儿说等等，我还没给你钱呢。我师傅说，这种情况不该跟您要钱。不行，老头儿追出来硬把钱塞到我的兜口里了。我臊了个大红脸。老头儿一拍我的肩膀，小伙子，勤学着点儿，一个月之后，再来给我刮胡子。我说您放心，我肯定来。老头儿问，你说话算数吗？我说我们宝坻人吐口唾沫就是个钉儿！好小子我等着你。师傅使劲一拽把我拉出大门。

回来就训我，剃不了头，嘴就老实点，还不嫌丢人现眼！我没敢跟师傅顶嘴。从这以后，我真是下苦功夫了。每天晚上练腕子，不到12点决不睡觉。白天，师傅让我跟他一起出去，我说啥也不去。我说我练一个月基本功再出去！师傅听了很满意。每三天，就给我叫来一个朋友，让我给他们剃头。特别是刮胡子，给我找的全是连鬓胡子，师傅手把手教我。他告诉我最主要的是用好手巾把儿和肥皂沫，把胡子根部敷软了再刮，除此之外没啥技巧可言。后来我刮着刮着就熟练了。突然有一天，我悟出一个道理，技术是一方面，耐心、细心最重要。在有技术保障基础上，别着急慢慢刮，不能急于求成。

一个月之后，我跟师傅说我再去找那个老头儿。师傅说你吃饱了撑的？我说我许愿就得还愿，不能让他总想着咱们宝坻人不实在，师傅同意了。我到了他家，他感到很惊讶，小伙子还真敢再来？我说这有啥不敢的，上次是我技术不过关，这次保您满意！结果这老头耍花样儿，这不行，那不行……连急带气，一会儿我出汗了。老头儿说算了吧！别刮了，刮也刮不下来了，我给钱，还是让你师傅来吧！我稳了稳心神，不慌不忙，您再瞎说，又该给您拉口子了。嘎登，他不言声儿了。刮完胡子，他一照镜子，说了句话：你那把刀子就是关云长的青龙偃月刀。随后拿出一袋喜糖，我闺女结婚的喜糖还给你留着呢！是你的实在劲儿，让你有这口福。

剃刀斩"龙"

张德义,1938年生,大唐庄镇大唐庄人。17岁去天津河东区学堂大街"振东理发店"学艺。1958年,在天津钢厂任理发员其间,利用节假日上街剃头,因为手艺欠精,挣钱最少,晚上做梦,挥舞剃刀,腕子越练越灵活。

采访时间:2015年8月30日

我一开始在本村学过剃头,我师傅是本家大爷叫张万顺,那会儿他六十多岁,也不收费,全凭着爷们义气,一边学一边给村里的人剃头。就这样边学边剃过了一个多月,我师傅说,我把我会的这点儿手艺全传授给你了,你不如到外边的理发店再学一阵子,也好出得开摊儿。

1955年,我17岁,经张老人庄王景兰介绍去天津河东区学堂大街"振东理发店",也算带艺拜师。我师傅是大口屯镇张永志,也是掌柜的。当时理发店有4个人,都是宝坻人。我在那儿干

一个冒黄烟，一个冒白烟，被戏称为「黄龙」和「白龙」。

了三天。由于家里有事，我就回家了。

1958 年，我来到天津钢厂理发部当理发员，专门给钢厂的工人剃头。那会儿钢厂有两个大烟囱，一个冒黄烟，一个冒白烟，被老百姓戏称为"黄龙"和"白龙"。钢厂里的理发部有好几位师傅，来自全国各地。他们都是老师傅了，手艺非常好。只有我的手艺不行，为了保住这碗饭，我就向他们请教。由于基本功太差，再加上到理发部来理发的工人和家属络绎不绝，他们根本就没功夫教我，况且，在不知情的人看来，我也是理发的师傅。我知道我技术不行，活儿不多的时候，我就让给其他师傅们做，我站在一边看着。俗话说，躲得过初一，躲不过十五，在临过年那段时间，我硬着头皮上阵了。结果经常给工人们拉口子。有好说话的，划拉划拉脑袋就走了；遇到事儿多的，就站在理发部的大门口嚷嚷，这剃的什么头啊，让我正月咋出去串亲戚啊！这时师傅们也无暇顾及我了。我拿着剃头刀，剃吧，让他这一嚷嚷，没人敢用我了；

不剃吧,我算干啥的? 结果,像电线杆子一样愣在店里戳了半天。中午我连饭都没吃,躲在宿舍里蒙头大哭。第二天,在师傅们的劝说下,我来到理发部。看到工人我连头都不敢抬。师傅们就让我给他们洗头,帮他们递递手巾把儿。他们告诉我,你先委屈委屈,保住饭碗要紧。有人问,咱们就一起说身体不舒服,干点儿轻省活。我感动得直流眼泪。

腊月二十,几位师傅都回家,准备过年了。宿舍就剩我一个人了。我翻来覆去睡不着觉。干脆穿上衣服,站到大院,仰望星空,后悔当初不应该不用心学技术。明亮的夜空中,只有黄白两条长龙在游走,消失在天空的尽头。突然他们冲我摇头摆尾,发出嘲笑的声音,他们轮流向我冲来,口里说,笨蛋,给宝坻人丢脸,你根本就不是剃头的材料,瞧你那腕子就是一根木头,不会拐弯儿。我跑进屋,抄起剃刀奔到院里,挥舞如花,闭上眼睛向他们斩去,结果手腕子都酸麻了,也没能碰到他们。我出了一身大汗,猛一睁眼,原来是一场梦。

我向厂部请命,坚守到工人全部放假。这期间,基本没人剃头了。我几乎不管白天黑夜,拼命练基本功。为此,我还跑到集市上,偷偷买来一大堆葫芦,每天练刮葫芦。过年的时候,我只在家待了三天,就谎称厂里有事情,跑回工厂。实在闷得慌,我就去门卫那里和看门的大爷待会儿聊聊天儿。他知道我的心事后,直挑大拇指,夸我有志气。他说这样吧,这几天你就拿我练手吧! 我说不行,正月里剃头死舅舅。大爷哈哈大笑,他说,我的舅舅们早死了。就这样我每天都给大爷剃头。当然每次只剃掉一点点,我万万没想到,就是这种剃法,让我练出了真手艺。在临开工的时候,大爷说也该上班了,你给我剃个全的吧,光头加刮脸。我和他开玩笑,好!今天一分钱都不和您要。由于注意力太集中了,以至于做完活儿,才发现大爷睡着了。大爷醒后告诉我,本来不缺觉,被你剃得太舒服了。

春节过后,工人们陆续上班。理发部又热闹起来了。剃到第三个人的时候,我就发现人们都向我这边挤过来。我问他们为啥?他们说你是不是剃头祖宗附体了,这才几天啊,剃得这么好……

四年后,是"七级工八级工,不如老家一畦葱"的时代,我主动要求下放回家。临走那天晚上,我又站在夜空下,看着星空两条长龙游走。我在心里告诉他们,我把我丢掉的宝坻人的面子给争回来啦!

最小的剃头匠

孙凤海,1940 年生,林亭口镇后鄮村人。15 岁去承德县"庆发轩理发馆"学徒。公私合营后,去"承德县理发馆"做理发师,那时他是理发馆最小的理发师。

采访时间:2015 年 9 月 11 日

我 15 岁时,家乡总发大水,吃不饱饭。我家中兄弟三人,我行二。有一天,父亲把我们兄弟三人叫到跟前,他说,你们哥仨商量商量,干脆出去一个谋生吧!话一出口,我的母亲就哭了。我一看到母亲悲伤的样子,心如刀绞。我站起来,我出去!当时我的哥哥和兄弟也都站起来跟我争。父亲勉强笑了笑,他说到外边谋生可不是好玩的,你们哥仨要想清楚喽,特别是你们的岁数都那么小。我仍然坚持。父亲说,你们也别争了,就让老二去吧!这样,老二你就去承德县(今河北省承德市)找大米庄的宫庆浩,他跟我挺好的。我问他是干啥的?剃头的。啊,您让我跟他学剃头呀?

围坐大炕谈剃头

不学剃头学啥呀？主要是管吃管住，那门手艺也好学。我点了点头。第二天，我坐着船出发了。

到了承德县，一打听"庆发轩理发馆"，知道的人还挺多，所以没费事就找到了我师傅。他一看父亲的信，爽快地答应了。只是说，指着剃头发不了家，混碗饭吃还是可以的。我记得当时店里还有一个吃劳金的师傅，也是宝坻县的，他是黄庄那片儿的人，叫啥我忘了。反正那会儿店里就我们仨人。因为都是老乡，所以也没搞啥拜师仪式，两个人谁有空谁就教我剃头。不过挺严的，因为练腕子时我偷懒，没少挨打，有一阵儿，腕子都被他们打青了。他们说，不挨打，就出不了师，更学不好技术。事实上也是这么回事，两三个月我就基本学会了。他们就找熟人，让我练习。这拿真人一练，觉出差着火候呢，亏得是熟人，人家也不在乎，拉口子就拉口子了，片块皮就片块皮了。一年，技术就熟练了，师傅很满意。

1956 年,全国公私合营,由个体到集体,归商业局管,叫理发部。当时承德县就两家理发店,一个是我师傅开的,另一个是当地姓李的师傅开的。后来把我师傅和他的合并了,叫承德县下板城理发部。当时的人也不多,后来招徒,因为都知道宝坻出剃头的,经理就找到我,让我给家里写信,多找些人来学剃头。我也实在,一下找来十来个。领导挺满意。当时我 16 岁,我找的那帮小徒弟和我岁数仿上仿下,保不齐在教他们的时候逗着玩,因为这个,我挨了好几次说。

在承德,我给任书记、大胡子郭书记等好几任县委书记剃过头,法院院长更是常客,当时一个头两三毛钱。他们都夸我,这小小子,人不大,技术不错呀!

有一年技术比赛(比武),因为年轻,手艺好,领导和师傅们都推荐我去参加承德地区九个县一个市的技术比武,比赛地点在平泉。我这个人呢脸儿小,怕见人,还担心比不好,给店里丢人现眼,我没去。

第二次,大家又一致推荐我,一个人代表一个县,我代表承德县,这次我答应了,结果不比赛了。说句心里话,我挺沮丧的。因为我听说考场非常严,掐着秒表,看质量,看速度。我就私下偷偷加练,几乎每时每刻刀子不离手。主要是想:一山更比一山高。

我干了 35 年,当时国家有文件,够 50 岁、30 年工龄的可以提前回家等退休。我正符合条件,就回家来了。回家后没再剃头。

行规

没有规矩不成方圆，各行各业也是如此。剃头的行规之多，恐怕是别的行业所不及的。如"唤头三不打""剃头三不剃"……可贵的是，宝坻剃头匠没有被这些行规束缚。他们适应时代的变迁和人们对理发的要求，去除糟粕，留下精华，严格按照剃头行业应有的职业操守，服务人民大众。

潜规则

张文奎，1937 年生，口东街道老庄子人。经历过行业间等价交换，他把这些戏称为那个年代的"潜规则"。

采访时间：2015 年 7 月 30 日

1949 年，因为家里发大水，我跟随父母去北京逃难，那年我才 12 岁。本来父亲是想让我上学的，我不愿意去，我说，上学有啥用啊！父亲问我，那你想干啥？我说我想和您学武术。父亲说学啥武术，连饭都吃不饱呢，你哪儿来的力气学呀？等吃饱肚子再说吧。在上学的问题上，父亲没有勉强我，就给我找了一家理发馆学剃头。地点在北京前门大街大栅栏东边儿大众戏院头条东街 27 号，叫"钟祥理发馆"。可惜年头太长了，把我师傅的名字给忘了。我就记得那会儿他没打过我，也没骂过我。主要是我听话，别看人小，却很机灵，刚去三天，我就看明白：哦，原来学徒是这样。该干活干活，该学艺学艺，一晃就是六年，六年的日子，过

别看人小，却很机灵

得真跟那白开水似的，没滋没味的。

只有一个人给我印象挺深的，他是一个日本医生。他刚一来，看不出是日本人。给他剃了几回头，是他自己告诉我的。也知不道是咋着了，他不说我还没啥感觉，因为他是个中国通，从话上根本听不出来。等这一知道了，对他又恨又怕。有一次他来找我剃头，我把刀子放在他的脑袋上，不能专心了，眼前总出现我小的时候，跟着大人跑反的情景，日本子真把我们全村人害苦了。结果一溜号，给人家拉了一个口子。我刚想用油泥抹，他说不用了，我是医生，我有办法。后来他还教我说几句日本话，现在早忘干净了。至于他的名字，好像叫啥一郎一郎的，反正就知道他那时候在中国落户了。

我 18 岁那年，赶上公私合营。我去的第一个理发店是"棋子胡同理发馆"。第一个经理叫胡宗清，第二个叫刘冰璐，第三个叫崔宣，第四个叫张殿英。有一次，我姐夫去北京卖螃蟹，剩下的不舍得扔掉,就用白水煮了吃,结果,我母亲吃了又拉又吐,得去医院看病。我去找张殿英请假,他说,我一分钟也不批给你。我一扭头就去了医院。等我母亲出院后,我三天没回去,后来张殿英找到我家让我回去,我说,我一分钟都不想在你那里干了。他说啥?当着我母亲的面说,你们就是穷命!

后来,这事让我爸知道了。领着我直接找张殿英家去了。他们家爷五个都会武术。我爸不在乎那个,质问张殿英,你为啥瞧不起人?张殿英他爸护犊子,假惺惺跟我爸握手,实际上是在较劲。结果骨头差点儿让我爸攥折了。其实,我爸在颐和园当过警卫,身手不好能要吗。我爸说,我也不想跟你们城里人结仇,但是我们宝坻人也不是省油灯。一句话,把他们说蔫了。

那时候,大众戏院有 380 多人,马泰、魏荣元、小白玉霜、新凤霞一来演出, 就在我们理发馆理发。还有一个中国评剧院演《小女婿》的演员才 10 岁,他也常来,名字也忘了。有意思的是,我们给别人剃头一般都是 4 毛钱,给他们是 2 毛钱,为啥呢?我们看戏的时候票价也便宜。那时候我们也有包活:托儿所、幼儿园、饭店……饭店也是一样,连我们吃饭的时候也给半价。我想那会儿我要是结婚生孩子了,上幼儿园没准也是半价呢,这些算不算那个年代行业间的"潜规则"?

周记理发店

　　以下是海滨街道青年剃头匠周金锁为我们讲述其父的剃头经历和开店经过,怎样教他理发和嘱咐他的一些行规,对他影响深远。

　　采访时间:2015 年 7 月 23 日

　　我叫周金锁,听我父亲说,我们老家菜芽庄过去非常穷,出门就是大水,收高粱得划着船去。要想活下去,就得学点儿手艺挣点儿钱,学剃头不用投本钱,正适合穷人。又赶上那会儿,我在东北剃头的本家大爷回老家招剃头的徒工,我父亲就跟去了,那时我父亲才 15 岁。

　　他们去沈阳学的剃头,老板娘不给饱饭吃,还得多干活儿。好容易熬过三年零一节(旧社会学剃头讲究"三年零一节",这是行规,"一节"指的是中秋节),才算出师,可以吃劳金了,也能填饱肚子了,又遇到了日本人、国民党兵,给他们剃头,稍有不慎,

老家菜芽庄过去非常穷，出门就是大水

他们对父亲非打即骂，父亲在沈阳吃尽了苦。等全国解放了，我父亲被调到沈阳沈河区政府剃头，用他的话说，这才活得像个人儿了。

1962年，下放回家。1980年进城，和王茂林、刘启祥、杜森林三位师傅一起在宝坻驻防营开了一家理发店，叫啥名字我忘了，印象中就在门口挂块理发的牌子。我小时候尽上那儿玩儿去，门脸不大，里面有四把椅子，来剃头的人不少，尽挨个的。这也说明包括我父亲在内的四位师傅的剃头手艺还是让人信服的。后来搬到宝坻南关。那会儿开家理发店也就几十块钱，房租每月才几块钱，剃一个头超不过2毛钱。

后来，因为各种原因，老哥儿四个分开了。我父亲在石幢旁边开了周记理发店。我17岁初中毕业，没有考上高中。本来想上工厂上班，父亲说，还是跟我学剃头吧，好歹是门儿手艺。一开始，我不愿意学，说实话我嫌脏，又怕给人家剃坏了。父亲也没勉

磨刀

荡刀子

剃头

强我，只是说你先找着工作，实在没有合适的，你再过来跟我学剃头。就这样，我去过几家工厂，都不合我的心意。于是我找到父亲，跟他说，我和您学剃头。

父亲脾气暴，整天让我练腕子。拿根筷子当剃头刀子，拿把梳子当人的脑袋，练习时得把腕子甩出去，一练就是两三个小时。只要我一偷懒，他就给我讲他在沈阳的故事，他说再苦，你还能苦过我们这些老辈人！有时候实在被我气急了，扬起手又落下，就那暴脾气，不舍得打我。

后来我出师了，我们爷儿俩经营这个小理发店，生意相当火。

老椅子

父亲告诉我，你学的手艺还算不错，可是还得注意一下剃头人的职业规范。那就是必须得戴口罩，上班时，不能喝酒、不能吃葱、不能吃蒜。给顾客剃头理发，必须离椅子一尺远，不能贴着顾客的身子。我在沈阳时，我的一个师弟给一个女顾客烫波浪发时，就因为挨人家身子太近了，吃了人家一个大嘴巴，人家说你占便宜。

父亲说的这些，我基本都记住了，也尽量按照他老人家嘱咐的去做。可毕竟年代不同了，有些细节还是疏忽掉了。如今想想，照此下去，可能真会"疏忽"掉这个行业的传统。

剃苍头

石金钟，1939 年生，周良街道樊庄子人。14 岁去北京东单二条"祥瑞理发馆"跟老舅学剃头。15 岁上街打唤头剃头，由于活不多，背着老舅剃苍头。苍头不好剃，剃了苍头代表一年不顺，按规矩，应该得向主顾要一年的工钱，后来看到那家人穷，竟连一分钱也没要。

采访时间：2015 年 8 月 17 日

我 14 岁高小毕业，去北京找老舅王瑞民学剃头。老舅在北京东单二条，开了个"祥瑞理发馆"，老舅在那儿当经理。我来之前，馆里一共三个人，除了我老舅，还有两位师傅，一位是后庄东十四户的，叫王瑞田，是老舅家里的侄子，还有一个叫周仲文，也是东十四户的，和老舅都是亲戚。当时学徒每天管做饭，师傅理发时我们站在一旁给递手巾把儿。为了胡子好刮，要热的手巾把儿。那会儿理发馆有个大水箱，开水都是用炉子烧。刚入冬，卖煤

剃头也得心安理得

的老板就把煤球送过来,我们把炉子烧得旺旺的。再后来,我们干的活儿就与剃头有关了,师傅让我给老主顾们捶捶背。捶背没有用别人教,就是看人家怎么弄就怎么弄。再后来,那些老主顾说宝坻出剃头的,就让我给他们剃剃头,我说我的技术还不行呢,他们说你总不练手,不就总也上不了手吗?后来我就放开手脚,给他们剃头。大概学了一年多,就出师了。到一个叫瑞丰的小理发馆给人家剃头。

学徒期间,邻居是个小饭馆,老板姓邢,他是山西人,还会一点儿武术,有时间就教我们练武。他老去我们那里剃头,因为是邻居,一来就让我练练手儿,给他剃头他也不花钱。他总是让我给剃,拉了口子也没事儿,他总是说不碍事。我老舅说,你还小,还得上学,给我找了个什么中学,是个私立中学,在那里接着念书。上了四个月,因为是宝坻县的,不是本地人,经常受气,跟我老舅一说,他说,不上学你干什么去,回来让我接着上了一个月的学。

公私合营后，旁边有一个儿童影院。因为没有钱，从来没有看过电影。我又不上学了，老舅没办法，就让我去外面夹包剃头。我是从 15 岁开始夹包，那时候很多规矩都不懂。有一个老先生有病快死了，他的家人让我给他剃头。我老舅跟我说，遇到这个别给剃，如果给剃了丧头，回来会倒霉，要剃就得多要钱，他嘱咐过我，给要死的人剃头要注意，得问问他留不留后，要说留后，就把前面的头发剃一剃就行了，没人会说不留后，一般的剃头人都这么说。

果然，我问老先生的家人留不留后，他们说留后，我就给剃了前边。这个头很难剃，人在那里躺着不好剃，得多要钱，平时剃一个头三五毛钱，这个得五六块，得多要，这是有讲究的，剃这种头不好，叫丧头。可是我一看，一家子都哭哭啼啼的，而且这家子看上去很穷，还跟人多要钱，这不是趁火打劫吗？结果我一分钱都没跟人家要。

我 18 岁就回家了，那时候正赶上瓜菜代。

我想说的是，做人还是实实在在的好，不要总拿啥规矩不规矩的糊弄自己，不然，自己的良心安宁得了吗？

不做阿斗

　　孟昭起,1941 年生,黄庄镇北辛码头村人。8 岁去北京,11
岁学剃头,同年夹包剃头。由于年纪小,母亲、姐姐、师傅、大爷、
大妈……轮流跟着,恐怕受委屈,一些老主顾开玩笑,保镖在后
面呢吗?小昭起没生气,回去后对家人说,我不想做阿斗,你们也
不想。让我自己闯吧!

　　采访时间:2015 年 9 月 14 日

　　1949 年,我 8 岁,家里发大水,一家子坐大船到天津再去北
京谋生。母亲去纺羊毛厂,我上了三年小学,也经常帮母亲纺线。
母亲说,老纺线,还不成罗锅了嘛。有一次,母亲生病,我自己去
了。姐姐入工厂,做裤带……我 11 岁,母亲让我去大哥孟昭兰的
剃头屋子。在北京体育馆旁边,当时有卖菜的、卖肉的、剃头的
……各种买卖都有。我学了两个月开始夹包,一开始,母亲、姐
姐、师傅、大爷、大妈……轮流跟着我,这也是剃头业的行规。当

时常去花市一带,一打唤头,出来的人不少,可人们都怀疑,这小孩还得家大人跟着呢,能剃头吗？一条胡同得有 4 里地,一个头也没剃着。一些人还开玩笑,保镖还在后面呢！我没怪家人,他们是为我好。可回去后,我对家人说,我不想做阿斗,你们也不想。让我自己闯吧！

第二天,我跟张汉瑞坐汽车专门去农村剃头。

第一个活儿就是在农村做的。当时我刚打响唤头,就有一个人把我叫进去了。他家有一个小闺女刚过月儿,胎头软,不好剃。把我弄身大汗,才剃下来。挣了一毛钱,我还挺知足的。

我碰到张汉瑞,我说我开张了,他也挺高兴。可听完事情的前前后后,他怪我不懂规矩。他告诉我,下次再碰到这种事情,得懂得道喜,这样也显得剃头匠懂事,顾客那边也舍得花喜钱。我问他咋道喜？他告诉我:你问后边那块头发留着吗？那家大人肯定会说留着。你就说留着我给您道个喜,他就该给你喜钱了。

原来这里有个小迷信,刚出生的小孩枕的小红枕头上面有一个小红辣椒,小孩的魂儿就在小辣椒里面呢,剃下一刀子头发,把头发缝进小辣椒里头。说法是,孩子娇,上哪儿都拿着小红枕头,说是孩子的魂儿丢不了。

错打唤头

张建中,1936 年生,周良街道辛庄子人。16 岁在本村自学理发,同年去北京夹包剃头。由于不懂行规,在理发店门口打唤头,被老板叫进去询问,一看是外行,不但没计较,两人还成了朋友,后经老板推荐,去"净容理发店",后步步登高,到了北京纺织机械厂剃头。

采访时间:2015 年 8 月 24 日

宝坻因十年九涝,老百姓为了活下去,就出门逃难,大部分投奔亲戚。去了就不能白吃饭吧!学剃头,不用本钱。

我 16 岁那年,家中困难,吃麸子吃不下去。因为我在家剃过头,所以本村钱汉章介绍我去北京东直门外东直门大街住锅伙儿,夹包剃头。那里还有张建华(自己兄弟)、钱汉文。我们自己吃自己的,共用一个小炉子,谁先做都行。一般都是粘卷子,在外面买菜。

学剃头，不用本钱

我一般在东直门一带打唤头剃头。钱汉章曾经嘱咐过我，唤头有三不打，过桥不打，剃头棚不打，过庙不打。结果眼看这一天下来了，一个头都没剃着，心里起急，一想，在外面也挣不着钱，就想到理发店看看。在路过"东单理发店"时，我看里面的顾客真叫多，一激动，打响了唤头。"东单理发店"的李老板把我叫进去问：你在哪儿出科儿（学的）？我说没正式学过，就在家里练了几天。老板一看，我是个老外，就没再计较。

后来，我还常去那儿串门，偶尔帮帮忙，顺便学点儿技术。李老板做人厚道，把我介绍到东单"净容理发店"。干了几个月，理发店黄了，我又开始夹包剃头。遇到了张老人庄的王永德，他在朝阳门外"自美澡堂子"剃头。晚上我也去，主要是跟人家学本事，还可以洗澡。白天继续夹包剃头，手艺有长进了。

后来，我去了北京棉纺二厂附近的家属楼剃头，与居民委员会钱经理混熟了。钱经理说：小张子，在我们这儿干吧，我给你弄了个小屋儿，吃饭在厂子食堂，钱自己挣自己要。于是，我专门给家属和工人理发。价钱是大人1毛5分，小孩1毛。干了一年多。1958年，北京棉纺二厂又分出了一个纺织机械厂，专造纺织机械,需要工人。保卫科谢振华说,小张子,你也报名吧,还可能成为正式工人。我听他的话了。经过培训学习,正式成为纺织机械厂的工人,不过我还是在新成立的理发部理发。没过多久,厂子与棉纺四厂合并。半年后,我又去麻纺二厂理发部,当时工资每月31块5毛,挣得太少,于是我就回家了。

"写字"的徒弟

杨香太,1931 年生,林亭口镇八里庄人。15 岁在天津鼓楼东东门里"同义理发店"学徒。是最后一个"写字"的学徒。

采访时间:2015 年 7 月 8 日

我 15 岁去天津"同义理发店"学徒。师傅是我叔伯表兄,东王庄曾广才。按学徒来说,我是"写字"的最后一个。写字是行规,写字就是和师傅立字据:"车前马后,打死无论。"写完后,心里挺难受的,毕竟是亲戚。等解放以后,就不兴写字据了。

解放前,学徒非常苦。一个徒弟犯错误,一帮徒弟都陪跪,一跪跪一溜儿。老板用笤帚疙瘩真打,管你啥亲戚不亲戚的。1947年,表兄又去滨江道接收一个理发馆,我们就跟去了。他把手头的这个店卖给了宝坻的张洪武。

那时候,天津有个副市长叫毕鸣岐,当过唐山三个煤矿的经理,趁钱,娶仨媳妇。掌柜的经常给他的大姨太太烫头。那姨太太有派头,一来坐着小汽车,到了,掌柜的小跑着开车门。一下车,左边老妈子陪着,右头小丫鬟搀着,后边还跟着一个像我一样大小的小小子提着茶壶。姨太太小烟卷叼着,一迈步就扭屁股。进屋后,先坐下歇会儿,喝点儿茶水。她不洗头,专用篦子刮,由脑门慢慢地一刮到底。刮上 40 分钟,然后抹头油,打香水,喷香。完事后,还给小费(纪念券),当时的国民党钱,相当于一毛钱。这种活儿都是师傅做。师傅问,您要啥样式的?她就说,老样子。姨太太问师傅,张家的小姐最近来着吗?师傅说,前天来着。姨太太说,上次打麻将,我还输她呢。师傅回,下次您一定能赢她。姨太太小嘴儿一抿,师傅真会说话。于是对老妈子说,今儿个,多赏师傅点儿小费。老妈子回,是,太太。姨太太走后,师傅把多给的钱另放着,账和小费分开。过一段时间,把小费分给徒弟们,算是给徒弟的零花钱。每次有了零花钱,我们几个徒弟就玩儿牌九,在楼道底下或锅炉房。

解放前,国民党伤兵不好惹。不管伤轻重,每人都挂着拐,剃头、吃饭不给钱,进门就妈了巴子的,老子抗战八年,还要钱。所以碰上他们你还别提钱,不介,就给你叫一大帮人捣乱。也出过酒后骂街的国民党兵或特务让师傅们给抹了的事情,抹完就跑。

掌柜的有两个老婆,大的在老家。小的管账,比他小 4 岁,人不坏,对我们还挺好,比我大六岁。她有八个哥哥,一个姐姐,天津西头杨庄子人。

解放天津时,西营门和东局子打得最厉害。警报一响,家家关门,生意都不好做。老板条件不错,买了 200 袋小站米,面是美国"兵船"的面,是进口面。舍得给我们吃,战事紧张那会儿,我们不敢烧大灶,就围在炉子旁,烙饼吃,烧水喝。

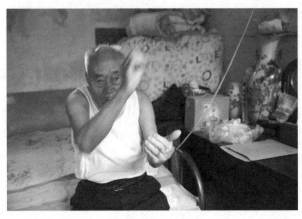

练得胳膊都抬不起来了

解放天津的时候，正式的国民党军队几乎跑光了，或投降了。那时天津有保安旅，不是正规军，都是买卖人家的人，一家一个人，不去不行。一旦穿上那身皮，就跑不回去了。那天，我扒窗户往外一看，保安旅要跑。有一个把绿棉袄一脱，帽子一摘，爬上电线杆，由电线杆又上了二楼。我一看这小子真能耐。不一会，又来一个。上面的人对他一比画，他又上别处去了。

第二天，解放军就进城了，时间是在傍亮儿。我跟老板说，解放军来了。老板说，你瞎说，这也没打呀！他趴窗户一看，可不是。部队进驻滨江道发电厂。天津最后解放的是耀华中学，大概是下午3点多钟。当天5点，我就出去了。见到一个解放军，我说同志，他说，哎，你干什么？我说我想问问这马上的大炮咋没用啊？他就笑，没用不更好吗？省得流血死人。我问，咱们解放军打炮准吗？他说准！一指后边，这十几个人都是日本人，投降过来的，当了中国人的炮手。炮兵一过去，大部队就来了。

新中国成立后，我出师了。当时我会说话儿，手艺又好。有一个外行老板叫赵鹏元，在小白楼开个理发店，他那儿有俩人，其中一个不想干了。我的一位师傅介绍我去了。他一看我做活儿就相上我了，希望能留下来。我说这里买卖太小。他说嫌小，归你不行吗？我当时就纳闷儿。他说我得上哈尔滨分家去，分着财产我就不回来了，挣钱咱俩平分，我一半天儿就走。我问，你咋不给他们？他说我一看你就行！没几天儿，他爸来信了，催他快点儿回去。结果家产没少分，就回老家山东叶县了，把整个小理发馆送给我了。他来信嘱咐我将理发馆经营下去，带出几个有出息的徒弟。为了报恩，我使劲经营。

结果小理发馆让我经营得还挺好，到一个月头儿了，我跟那两个人说，我也不好意思要他那份儿，干脆咱们平分吧，把那两个美坏了，那个不想干的也就留下了。

后来我弟弟杨香玉找我学剃头来了，他刚出师，我侄子杨彬也过来了，他跟我弟弟学的。那会儿，中央外经贸向天津要人，一个厨师，一个理发师。我侄子通过选拔，被派到美国旧金山大使馆理发。两年后回国，后经美国的朋友介绍回旧金山，在香港老板开的一家理发店工作，最后办了绿卡，在美国开了理发店，现在雇着五六个人。

1980年，我把理发馆送给了那两个伙伴儿。我回到宝坻，在当时的县委附近开了"杨记理发店"，我儿子杨连平跟我学的，后来他又在北城墙附近开的"杨记理发店"。我的三个儿子、四个闺女都会理发。让我感到欣慰的同时，我也了了赵老板的一桩心愿，至少我没有辜负他，他送与我的礼物岂止是挣钱不挣钱的事情。宝坻人是有情有义的。

我这最后一个立字据的小徒弟真幸运！

给胡子剃头

　　罗凤珍,1935 年生,林亭口镇北清沟人。18 岁赴黑龙江省舒兰县"东来阁理发店"学徒。给胡子理发时,曾因一句"您的胡子咋都被冰围上了?"差点丧命。

　　采访时间:2015 年 9 月 7 日

　　我 18 岁去黑龙江省舒兰县(今舒兰市),在我姑夫开的"东来阁理发店"学剃头。我姑夫叫魏连喜,是高康马村的。在那儿学徒够苦的。先说练腕子,站着,不能靠椅子,站得笔直。胳膊上放碗水,拿梳子和筷子练,一练一小时,水不能洒。梳子当脑袋,筷子是刀子,刀子只能往回拉,不能来回拉,左胳膊肘的水不能洒。照着镜子练,水一洒,我姑夫就狠劲儿踹我一脚。练完了,胳膊都麻了。除了吃饭、上厕所,剩下全站着。晚上,腿肚子一按一个坑。我学了四年,因为学放睡,多学一年。这门手艺分全麻和半麻。全麻由脑袋到脚跟,女的由脑顶到脚跟。拿一个麻顶三个头钱。现

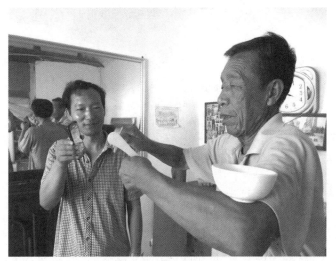

胳膊上放碗水，拿梳子和筷子练，一练一小时，水不能洒

在我还记得那会儿的一万块钱等于现在的一块钱，一万块钱是红色的，有五千、两千、一千、一百……当时男活是三千五，也就是三毛五。日本人、苏联人、韩国人都去理发店剃头。那会儿，我姑夫的理发店挺阔的，两层楼，剃头在楼下，按摩在楼上。全麻一块钱，半麻五毛钱。

那时候，东北有胡子，藏在大山区，很少下山。大山区一到冬天，霜雪特别大。有一次，来了一位骑大马的汉子，头发又长又乱，脑袋上戴着大皮帽子，衣服都是翻毛的。到了理发店门前，一骗腿儿从马上跳下来。我姑夫赶紧跑出去，牵过大马，拴在电线杆子上。一进门，大汉把大衣啪地往旁边一闪，拿在手上一抖愣。姑夫忙接过来，小心翼翼地挂在墙上。他的胡子上盖了一层霜，而且都冻了冰。我就问，哎呀，你的胡子都让冰围上了。那家伙的脸蛋子立马就拉拉下来了。我师傅赶紧跑过来，瞎说啥，快给大爷洗头去！他还是个孩子，您多担待着点儿。我给他洗头的时候，他坐那儿一探身子,我发现他腰里别着双枪,把我吓坏了。半晌,没敢言语。

内行管徒弟都是晚上见,打耳光,这是行规。晚上一落幌,师傅往炕上一坐,你是啥也知不道,白天来的那位是山上的胡子,是土匪。你说他的胡子让冰围上了,他就会理解为他让解放军围住了,跑不了了。他还爱听?这要不是我拦着,他非枪毙了你!我真后怕。那天晚上,师傅教了我许多剃头的行规。

那时,东北有三宝:人参、貂皮、乌拉草。东北人不穿袜子,用一块布裹着,鞋里都是乌拉草,鞋跟儿一边一个大钉子,防滑。

在东北我坐过爬犁。一来时,从哈尔滨坐车到三河屯,本来是想坐小火车,因为晚点儿了,所以坐的大爬犁,五大套和六大套(马)。爬犁是牛皮做的,外面牛皮罩着,里面生着瓷火盆,铺着貉子皮,暖和极了。

记得在1954年,那里下场雪,一米多深,车胎上绑防滑链。雪清不过来,就用车轧,轧铁了,跟冰一样滑。上街买东西,都得坐小爬犁。我把老家的脚手带去了,往鞋底一绑,好走着呢!当地人看着都新鲜。由于后面人跟得紧,我走在前边,摔了一个大跟头,后面的也收不住了,一摔一大片。

我出师那年,姑夫摆了几桌酒菜,把一趟街的七八家剃头棚的掌柜的都请过来,对他们说,罗凤珍今个满徒了,哪家儿愿意留他,请大伙多关照。结果也没人用我。

那会儿我们这行有个行规:不出学徒的这家理发店门口,就不算出师。另外,出师后拿钱是倒四六或倒三七,正四六或正三七,全凭手艺。

1957年,我去吉林找我舅舅。我大舅王树申开小杂货铺,我二舅王树桐是剃头的，我就在他那里干活儿。公私合营后，我被分到吉林市哈达湾区"民主理发馆"，那有好几十人。我们的理发店在公安局对面，局长跟我熟，他的孩子专门用我，原因是有一次他找到我，罗师傅，求你一件事。我心想，你一个大局长能求我啥？他说，我这孩子上医院打针打怕了，一看穿白大褂的就哭。孩子也上我们这里来过两次，一进门就哭，真剃不了，结果我上他家，才把问题解决了。

1959年，我被调到吉林省吉林市小丰满水力发电厂理发服务部，一直到1962年回家。参加过三线建设，其间仍旧给建设者剃头理发。想想我的经历，有苦有乐，但我选择剃头这行，选对了，不后悔。

听师傅的话

　　蔡振奎,1937 年生,马家店双王寺村人。20 岁经人介绍,去北京百万庄公共汽车公司四厂,任公交 15 路的调度员。由于酷爱理发,拜师学艺。回家后,按照师傅嘱托,服务大众。

采访时间:2015 年 8 月 7 日

　　我老家是马家店双王寺村。20 岁经人介绍,去北京百万庄公共汽车公司四厂,任公交 15 路的调度员。无论春夏秋冬,每天早晨 4 点钟准时起床,拿好行车路线表,边看边记,日子长了,天桥—武装桥—菜市场—宣武门—西四牌楼—动物园……15 路二十几辆车、二十几个站点都熟记在心。15 路每天发车的时间在早晨 6 点,10 点之前全部发车完毕。余下的时间就是自己的时间了。

　　我最愿意去的就是公司的理发部,不为理发,就为给理发师张师傅帮帮忙,打打下手儿,顺便学习剃头技术。张师傅是地道的北京人，人好，技术也棒。他得知我的想法后，欣然收我为徒。有时开玩笑说，宝坻人，哪儿有不会剃头的。于是，师傅真教，徒弟真学。不到三个月，我就掌握了理发的全套技术，剃、剪、推、烫、染，样样精通。期间，张师傅还教会了我打唤头，给我讲了一些剃头的要领和规矩。

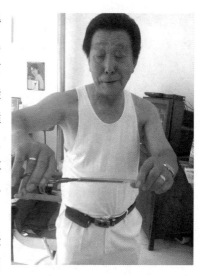

干这行得听师傅的话

剃头的要领就一句话：轻磨，重荡，紧扒皮。意思是说，剃刀不快了，要轻轻地磨，这样不容易卷刃；荡刀子时，要用力，这样荡出来的刀子用的时间才长；给客人剃头时，要扒紧他的头皮，这样才会剃得干净。师傅一边讲，一边做示范。我牢记在心。

至于剃头的规矩，有很多，比如，剃头师傅在给人剃头时，光是姿势就有很多讲究。譬如站立，必须中正挺直，眼睛松静自然，忌左右摇摆或上下起伏。再如持木梳，五指要呈兰花形。工作前不能喝酒，不能吃葱、蒜等带刺激气味的食物。用现在的话说，叫讲究职业道德。打唤头时有"三不鸣"，是指在三种地方不打唤头：一是过庙不鸣，怕惊扰庙内的鬼神；二是过桥不鸣，怕惊动海龙王；三是过剃头棚不鸣，怕打搅同行生意……我想，不管这些以后能不能用到，也要记清，不会有亏吃。

就这样，我在公司干了四年。1961年下放回家，当时的生产队长找到我，让我专门给村里乡亲们剃头，闲时，还可以骑着车子，到附近村庄给乡亲们剃头。条件是每个月交生产队三十块钱，剩余归自己，我二话没说，答应了。

就这样，我以"交钱买工分"的方式，开始了剃头生涯。

生产队愿意我出去剃头，可以把我交的钱作为生产队的补给和开支，我们都划算。在村里，主要是中午吃饭休息的时间剃头，在碾棚、在树下……一个人负责给 13 个队的社员剃头理发。剩下的时间，就是打着唤头走街串巷，隔三岔五地还去附近的学校给老师和学生们剃头。那时大人 2 毛钱，小孩和学生都是 1 毛钱。一个月下来，可以拿 300 分，每月都超分。这期间，还教会了儿子剃头。

1980 年，改革开放之初，我来到宝坻县城，在石幢旁开了一间小理发店。那会儿没有起店名，门上就写着"理发"两个字。我跟儿子一块儿，既做老板又当师傅。在我的记忆里，这应该是宝

青春理发店

坻第一批理发店。那会儿来剃头的人非常多,男女老少都有。那会儿人们对理发不是很讲究,男的以平头居多,女的主要是剪发和烫发。由于地方太小,满足不了老百姓理发的需求,我和儿子一商量,决定扩大规模。同年搬到南街的老电影院旁,取名"便民理发店"。生意非常红火,顾客们在周日早晨六七点钟就来排队,春节 4 点多来排队,要是赶上"五一""十一"结婚,父母头天晚上 12 点就替孩子来排队,一开门店里就挤满了人。1986 年,理发店搬到了东城路,取名"青春理发店"。如今,我已经是将近八十岁的老人了,可我依然按照师傅教我的行业规范做事,让顾客满意。

绝技

　　关于剃头的技艺有很多,这里要说的并不是古怪甚至另类的技术,而是经过宝坻剃头匠刻苦钻研出来的精益求精的东西。熟能生巧,巧能生绝,蒙眼剃头、单手刮脸、撰写著作……这些都是宝坻剃头匠用心研究的结晶,最终的目的不是显摆,而是将理论转化为实际,让顾客得到不一样的享受。

放 睡

高庆祥，1934年生，八门城镇杨岗村人。20岁去天津跟叔叔高步臣、高步昆学习理发。因技艺出众，曾受爱新觉罗·溥佐的邀请，当他的私人理发师。

采访时间：2015年4月9日

1953年，我20岁时，跟我的两个叔叔高步臣、高步昆一起住理发所，那时的小徒弟叫小力巴。在我叔那儿，晚上告诉我刀子怎么使，步法怎么扎，两只胳膊得架着，扎马步。一手拿刀子，一手拿梳子，劲儿不大不小，大了拉木头了，刀子不走了。最后我抖点儿小机灵，趁师傅不注意，往旁边小木桌上拉了一下，刀子就没那么快了。我叔说你学得够快的。结果一试刀子，看出来了，说了我一顿，又换了一把新刀子给我。这次我不敢要滑了，学了五天，我叔叔到外面找人：有事吗？没事。走，给你剃头去。这就进来了，先洗头，洗到头发变了颜色，就打肥皂，肥皂沫得稠，不能

剃一辈子头，发一辈子愁

流。我一试不行，刀子拉不下来呀。我大叔过来教我。就这样，学了两个礼拜，他们就给我置办家什，让我打唤头剃头。一般顾客都这样问：剃头的，多少钱？我说，两毛。一毛五行吗？行。我心话你给钱就行，主要为学好手艺。

我们理发所是两间屋，以后忙了，我就在外屋专门给熟人剃头，反正也不和他们要钱。每天来的人还真不少，也给人家拉口子。又练了一阵子，技术提高了，又出去剃头。走过的胡同不去了，开始给人家剃得不像样，这次再去，恐怕也没有人用，所以找生人。最远走到马场道上的天津体育馆。下午两点，没人剃。那会儿是冬天，刮着大风，还没开张。走到唐山道，就听楼上传来一个女人的声音，剃头的，我在二楼。我就上了二楼，他说师傅看您面生。我说对，今儿个头一天。她说，师傅你以后呀，每两个礼拜来一回，我们三口子都用你理发。每次给您4块6毛钱。我说太多了。这样吧，我先试试，满意再说价。一试，他们挺满意。比原来那个师傅强。又给她对象和孩子剃头，都挺满意。她对象也说，以后您就按我们说的来呗，嫌少给 5 块钱。我说，我还嫌多呢。

今儿特别高兴，中午吃的熬鱼，晚上，鸟市下馆子，吃个贼饱。吃完了看场热闹，才回去。我的两个叔叔说，锅里还给你留着饭呢。我说我在外面吃了，我在一家就挣了 4 块 6 毛。他们都替我高兴。

后来我又学会了放睡，这门技术是一个骨科医生教我的。

放睡，分大放睡和小放睡两种，小放睡是从头到腰眼儿的按摩，大放睡是从头到脚底的按摩。

放睡是我们剃头匠的拿手好戏，这样，咱们一边聊天，一边给你们露几手儿。你看我这两手并用，这叫捏，这叫掐，这叫捶，这叫攥，这叫揉……穴位得找准，劲头儿得使匀，要有节奏感，这要在我年轻时候，三下五除二，包您舒舒服服地睡上一觉儿。

公私合营后，我们的组长是西鄮的冯秉千。他说，高庆祥，你再通知几个宝坻老乡，赶紧加入国营理发店。于是我就找到一个老乡，劝他加入。然后让他再找认识的人，这样，我找你，你找他，

演示一

好多人进来了。可是冯秉千自己却动摇了，虽然是组长，但他不去开会。那会儿还给一个牌，天津市公私合营从业人员某某某。以后，国家把跑散的剃头匠都分到各个国营理发店了，也成了正式工人。冯秉千在河北区便民理发店说啥也不干了，最后被开除了。真是有福不会享。

公私合营那阵儿，在估衣街最有钱的有个"志昌理发店"，老板不愿意合营。在凤祥胡同查资本（因为不合营的得把资本交出来），16块钱的刀子，趁几百箱子。那家老板在理发的同时也批发或零售理发用具。

我在河北区的一家大理发店。那家有36人，我手艺最差，但是领导看我人品好，让我当了副经理兼会计。那会儿必须八点之前关门，交钱。那时我们村的信广发家里穷，在木家台便民理发店干，总想来我这儿。我说，你好好干，等待机会。后来那里需要管理人员，让我去，我推荐了他。在木家台我也剃过头，没剃好，大伙都乐我。我苦练了半年，下半年，手艺行了。有的顾客到下班时间了，还进来找我，高师傅，您先别走，给我剃剃头。我说不行啊，这样违反规定。

在便民理发店交流比赛，16个人，我总是第一。有人就嘀咕，这力巴咋变这棒了，以前不行啊！有一次比赛，我得了个第二名。评委杨能科说，分打得太低了，第一名。结果受到店里的孙士太嫉妒，他也是宝坻人。可他到公司告我，他说我不行，我是跟我叔学的，是个小力巴。那时我是河北区的先进工作者。人事科长山东的张民业人不错，有一次我跟他说，要不，给我落点儿钱。张民业说凭啥给你落？你是凭本事挣的钱。我跟孙士太说了，你当得了会计吗？你会做表吗？后来我自己把工资降了，每月48块钱，

演示二

孙士太每月 46 块钱，他一看差不多了，不言语了。可是为了整个理发店的发展，我不能眼看孙士太这样的人捣乱，因为他有很多问题损害国家利益，我不能因为他是我的老乡就姑息他，这样是害了他。于是，我开始调查孙士太。那时单位有补助，他们家六七个孩子，根本就不够拿头等工资的。一开支，孙士太找我，高头儿，你弄错了吧？我这月咋少了呢？我说你对象上班多少钱？你对象在医院偷卖胎盘，一个月至少 20 块钱。人家上班只带馒头白菜饽饽咸菜，你下馆子，吃锅贴，还拿国家的补助，这给你的就不少了。孙士太又去告我，没告赢，更恨我了。塘沽建闸时，让我去。可是理发店得有人管理和管账。张科长问我谁去好？我说孙士太。孙士太小个儿，哪儿背得了土啊！结果耍滑，被赶回来了。回来我找他谈话，咱俩都是宝坻人，谁也没把谁孩子扔井里，老老实实做人，认认真真做事，这才是正道。他琢磨了好几天，后来找我认错，从那以后他的表现非常好，不久就调到另一家理发店做了管理工作。

那时候,女人大多数剪卓娅头,学习苏联妇女。有标准,一般理发师傅很难达到。我在理发店,利用业余时间,专门研究去薄的技术:得看女的头发薄厚、粗细。当中去,根底露的厚。头发稀的,就去点儿梢儿。不能都去了,去了就没有了,人家不干。去薄剪子不能随便使,得根据顾客的脸型、头型来设计。我把得出的经验毫无保留地传给了大伙儿。从此买卖更加兴隆。

以后我在"红旗理发店",我们的经理是宝坻人刘贵桐,河北区六大服务行业的工会主席,宝坻理发有能人。

演示三

溥佐说,高师傅你把活辞了,专门给我理发,溥杰也说过,我都没同意。因为我不愿意一辈子只伺候一个人,我学剃头手艺是服务全大众的。

我还给时任天津市副市长聂璧初理过发。

我有三把刀,最好的是双钥匙,那刀子挨上头发头发就掉。根据不同毛发,使用不同刀子。

演示四

理男发

孙玉民,1935 年生,宝平街道人。14 岁在天津小白楼河北大街学习理发。专门研究男士发型,整理出《理男发》一书,创新了理发技术。

采访时间:2015 年 7 月 1 日

我虽然没文化,但是脑袋瓜子好使,半年就能给人剃头。师傅对我不满意,嫌我学得太快了。那会儿,男发型由发际向上留,女发型由发际向下留。男女之分,刮边刮在发际上,错了,证明你没学过,学不好。

理发得讲德行。比如你不想在这个地方干了,有价钱高的,也不能拔腿就走,得跟掌柜的说清楚原因。您先找人吧!您找到合适的人我再走,找不到我还在您这里干。又如掌柜的想辞我,也得像我这样说,你先找下家吧,多咱找到合适的地方,你再走,非常人性化。

还有,学习理发技术不能心急,不能对付。好家伙,您只学了几天,就出去干活了,那样的人进不了理发店,说话都说不到一块儿。在澡堂子理发的上不了甲、乙、丙店,从乙到甲很不容易。夹包和担挑的几天就能干,这都是打游击的。

理发高在哪儿?你这一插手,就知道从东北学的,还是从天津学的。东北学的干七八年,到天津只能拿半份钱,各有一派。

《理男发》书影

由1964年开始,就不太讲技术了,谁理发理得好不行,那是为资产阶级服务,贫下中农不要好,那会儿剃得好的人受批评,那会儿的人的确也不要好。

在天津学徒讲究剪子活。推头三个内容:底茬、中茬、上茬。底茬要挨着肉皮推才能推干净;该留中茬了,往上是匀,远看匀,

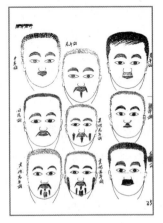

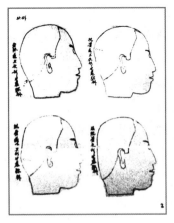

各种头型

距离在一米左右；上茬要齐。

我正式学徒是在 1949 年,那会儿我才 14 岁,在天津小白楼一家理发店,一身破衣服,一把剃头刀子,没学几天,掌柜的就不要我了,嫌我问的问题太多,太古怪。后来去了好几家,在哪儿家,哪儿家老板都让我走。即使呆了几家,也没学到真东西。后来我通过交流会才逐渐理解了理发。我听收音机里讲,天上云在变,都知道变,为什么变? 我想对呀,哪行不也是这样吗? 剃头刮脸的时间、手法、火候……哪一样儿都需要研究。我就琢磨,提高技术了。在唐山开整个河北省的交流大会,有个人叫张记,宝坻人,是特级理发师,剪的头发非常好,我跟他学了不少。我在蓟县(今天津市蓟州区)参加交流会,评委们都说我技术不错,那是我常琢磨的结果。

自古以来说,光说不练嘴把式,光练不说傻把式,能说能练也未必是好把式。推完头了,只是理发的一半,要有理性认识,没有,就谈不上真正的好师傅。好师傅剃头要符合剃头的规律,符合头茬的三个内容。

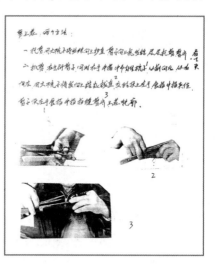

剪头茬的方法

削发高手

赵宝奎,1945 年生,周良街道赵聪庄人。16 岁去天津南开区四马路国营理发店学剃头。1992 年,去宝坻"惠颜理发店"进修,这位大叔级的徒弟,凭着深厚的基础和孜孜以求的精神,把传统剃刀技术与现代美发理念完美融合,很快掌握了一套削发技术。

采访时间:2015 年 8 月 24 日

1961 年,我不上学了,去天津的舅舅家学剃头。当时已经是公私合营了。舅舅叫张瑞平,是西河口人,是一个老手艺人,15 岁就在天津学理发。因为家里很穷,很多人都在外面学剃头,当时还在闹日本鬼子。理发店在天津南开区四马路,名字忘记了,是舅舅他们从一开始就干起来的。

1961 年,归属国家服务站,舅舅和店里的师傅们都开始挣工资了。去天津后,我就住在舅舅家里,舅舅黑白(白天晚上)教我

深情
回忆

剃头。我和另外几个师傅也混熟了，他们都是宝坻人，有王卜庄的，有口东的。

我在天津学了一年多手艺就出师了。因为我是农村的，在城市属于盲流，不让长住那里。我经常跑街，干了有一年多，转遍了附近的大小胡同。主要是剃胎头，给小孩剃胎头很贵，要七八毛，没拉过口子，和很多顾客都相处得很好，临走都说以后再来。天津市人问我是哪儿人，我说是宝坻县的。他们说宝坻县出剃头的。"文化大革命"开始之前，就不让单干了，都得回家，当时全国都在支持农业，不让在外面待着。我也回老家了，在生产队种地。

直到1982年分队了，我在宝坻"慧妍美容院"进修了一段时间。美容院就在当时的宝坻中医院对面，是个二楼。因为20世纪80年代，剃头的样式已经改变了，不再是以前的老样式。要是再用老一套给现在人剃头，没有人剃。过去老一套就是把四面推得溜光，推头是从底下到发髻线。发髻线是指人脸上和额头间的线。过去剃头，男款就是平头、光头、青年头、背头和分头；女款主要是烫发,分小荷叶和中荷叶还有大荷叶,德式发型。

我打算进修后在宝坻开个理发店,适应现代人的理发需求,不学新头型挣不到钱。当时我已经将近 40 岁了,教剃头的是广东人,是从中国和外国合资的美容院请来的。培训的时候内容很多,男活儿有短穗、中穗和长穗;妇女主要是削头,以前就是拿剪子剪,推子推,现在是用剃头刀子削头,很难掌握。在这批学生里,我算是有基础的,一共花了 500 块钱学费;没有基础的要花1000 块钱。我当时在那里算是最大的了。没啥寒碜的,人就得活到老学到老。后来,还有一个比我大的呢,而且还是一个妇女,也是宝坻的,下岗没有工作,来学习理发,那时五十七八岁了,名字让我忘了。

教理发的老师很多,有中国台湾的,中国香港的,还有日本的。"慧妍美容院"的老板也是宝坻的。我报的理发班教各国头型,那里有图样,根据个人喜爱可以做图上有的任何头型。那会儿,我们一个班有五六十人,最小的班有十六七人。去了不到两个月就把这些学会了,因为懂得基本道理,一看就会。他们有削发器给妇女削头,能控制穗的长度,比如,长穗,从前面的三分之一开始削,整个头从开始到结束,从三分之一处一层一层地削,削完以后头发都一样长。当时削头发很流行,现在不流行了,男的也削头,属于短穗、中穗,也有留长头发的。

老师教的时候很尊重我,老夸我很用功,我说想干这个不用功行吗,我把钱花了能不用功吗?老师说,这群年轻人都没什么像我这样用功的。到夜里,其他同学都走了,我还得把一天学的都记在日记本上。

毕业后,我结合所学,创出了一套削发技术,很受顾客喜欢。

文武双全剃头匠

　　王茂林,1934年生,郝各庄镇河北庄人。21岁被父亲逼到
通县(今北京市通州区)"老马家理发店"学徒。学过武术,并将武
术与放睡相结合;了解剃头文化,是一位文武双全的剃头艺人。

　　采访时间:2015年8月3日

　　我21岁被父亲逼到通县"老
马家理发店"学徒。师傅马万秀。
出师后,夹包剃头。"他爹跟他儿
子有仇,叫他儿子学剃头,剃一
辈子头,发一辈子愁。"这是一句
老话。虽然恨过父亲,但我用60
年的剃龄,告诉父亲:儿子把这
当成了一种享受。

　　我这里有一本手抄《净发须

他爹跟他儿子有仇,叫他儿子学剃头

《净发须知》手抄书影

师兄弟合影

知》。这是民国二十一年（1932），保定市维新理发馆主人赵兴清肖像。一个剃头人懂文化不简单。这是有增删净发须知前言：自古先贤，于吾业，所有传授者，其名曰净发须知。尽书中之词，论歌，论诗，业中之微，所使之器物，各有其名号也，辨其出处，问其来历，记之以，罗祖之活计，陈七子之家风，莫不知末，俱成至理，迄至于今。

1957 年，我 23 岁，去了北京建材局通县土桥砖瓦厂理发部。顺义县委书记，香河县县长都找我剃过头。有一次，我刚给厂长剃完头，北京市市长刘仁去视察，我问您不剃一个吗？他说好啊，我试试你的手艺。我三下五除二，那个利落。刘仁问我，你剃头的速度是够快,剃得行吗?我说请你照一下镜子。刘仁一照镜子,开心地笑了,小伙子,手艺不错!好好干!

说会儿剃头,咱再说说我们这宅子。八路军长期住。我还写了一幅对子:

高深(区长)耀荣李博方(助理);
抗日时期常住房。

八路好八路强,八路军本是人民武装,日本鬼子欺负咱们八年整,八路军帮助咱们打虎狼。八路好八路强,八路军本是人民武装,八路军的作风怎么样,不拿老百姓一针一线……东洋兵太混账,奸淫掠粮又杀人,还要把金钱抢,临走放火烧了我们的村庄,叫人好悲伤……唱:

叫老乡,快武装,拿起镰刀和锄头,勇敢上战场,赶快把日本鬼子杀光,才能保家乡,唉唉唉嗨哟——

以上这些事,是我在十来岁时遇见的,印象非常深,虽然与剃头没关系,但是你们来了,还是想跟你们年轻人念叨念叨。

唱完一段咱再说剃头。我在北京夹包剃头的时候,知道自己手艺没学好,我经常去北京西单第一理发馆,找八门城朱师傅,跟他深造,他曾经给周总理剃过头。

再告诉你们一件事,我会武术,我老师叫张广善。我师爷在辛亥革命时给段祺瑞的儿子看家护院,叫刘来好,他跟霍元甲是师兄弟,我们是形意门。后来,我将武术和拿麻放睡结合在一起,效果更佳。我给你们试试:把颈椎击打得啪啪响,感觉才舒服。哎呀! 时间一长就不行了,人老得服老。

再说就是 1962 年了, 那年我下放回家, 在生产队剃头挣工分。1980 年, 我和乔万瑞在宝坻县城老城南关大集开了一家瑞林理发馆,干了两年就不干了。我在自己家里开了理发店,一直干到现在。

小剃头儿

陈宗武,1944 年生,林亭口镇葫芦窝村人。1958 年,14 岁,在唐山"青年理发部"学艺。1962 年,下放回家,担挑剃头。附近的人都管他叫"小剃头儿的"。

采访时间:2015 年 8 月 23 日

我 14 岁在唐山"青年理发部"学艺。是我大哥陈宗州介绍的,他是唐山五金店经理。那时店里还有小靳庄周连甲,黄庄王力宏,他们学男活;苏庄子吕志民,八门城刘兆文,他们学女活。

我觉得剃头人很牛,听这句话:剃头的并不大,走动是半朝銮驾(剃头挑子),不论你官大小,掐着脑袋说话。那时还有一句话:轻头睡,小捶背,不让顾客走一位。

那时候学徒,岁数小,淘气,总挨打。我总去白马山酸枣棵子里抓蝈蝈,离唐山 20 多里地,骑车子去。蝈蝈叫唤得好听:蝈蝈蝈蝈……它吃倭瓜花和葱白,住在我编的蝈蝈笼子里,最后让掌

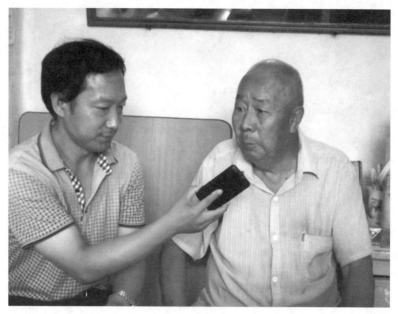

我觉得剃头人很牛

柜的扔了。后来我出去逮蚂蚱，那种蚂蚱叫蹬倒山，大青蚂蚱，炸着吃，可好吃了。结果掌柜的把我辛辛苦苦抓来的蚂蚱全给放了，恨死我了，我实在忍不住了，一个通天炮把师傅的脸打花了。

　　我16岁给过唐山市市长白芸理过发，记得，她是分头。别看金刚钻小，能揽瓷器活。师傅领进门，修行在个人，学艺没有偷艺深。当时剃头叫三茬头：底茬清，中茬齐，上茬圆。也叫理发的基本规则。比如：底茬，用小抄子，跟铲的河坡一样，规则整齐。大胡子叫大辣子。手巧不如家什妙，象牙把，包金边，美国金老头，绝对是好刀。我现在有一把牛角刀子，德国的，用这把刀子，我给客人剃头，都不用扶着。有时我一高兴，能背着一只手给客人剃头。这招可不能乱用，更别给大人物用，容易闹误会，会吃亏。听说有一个剃头师傅,给张作霖剃头,刷地把刀子扔起来了,把张作霖吓一跳,站起来就是一枪,把剃头师傅的脑袋打一溜沟。

在末代皇帝溥仪时期,我有一个本家爷爷叫陈子江,手艺绝。专用篦子刮头发,刮一百次,虮子虱子都刮下来。有一次,他给清朝的一个官儿刮头发,结果用篦子一刮,那个官儿就抽筋,我本家爷爷换篦子背儿刮还抽筋,刮哪儿哪儿抽筋,那个官儿还不满意,骂骂咧咧。最后,我本家爷爷来气了,用大辫子抽了他几下,然后就跑了。

我剃头的时候,遇到个老爷子,脑袋上有个大刺包。我用的日本蚂螂(蜻蜓)星剃刀。剃着剃着,几个师兄弟一说笑话,把大

陈师傅做剃头示范

刺包忘了,手腕子一抖,连根都薅出来了。师傅拿大棍子追我,结果下回老爷子还让我剃头,他说大夫都没给我治好,让你给去根了。那天他还买了二斤水果糖,我跟师傅说你别吃,谁让你打我。

1962年,我下放回家。

后来,我担挑剃头。因为岁数不大,附近的人都管我叫"小剃头的"。

手巾把儿平事

金庆功,1930年生,林亭口镇田庄子人。一个陈长捷手下的蒙古族大兵,临战时,想剃掉胡子。偏巧那天师父不在,三个师弟谁也没剃下来,大兵找来帮手趁机闹事,金庆功灵机一动,用三块手巾把儿完成棘手的活儿。

采访时间:2015年9月8日

我17岁时,通过我哥金庆瑞介绍,到天津和平区河北路"荣光理发店"学习剃头。掌柜的姓周,武清人,他本人不会剃头,所以行内人习惯管这些人称作外行掌柜的。他做生意非常精明,开了两家理发分号。我哥就在这家理发店的分店工作。那时两个分号分上号和下号。我哥技术好,在上号做理发师,上号的地址是在南开区南马路。我在上号待了两个月,就去下号了。我的技术主要是在下号学的。我的师傅是黑狼口的,姓刘,名字忘了。我还有一个师兄姓王,我去下号不久他就出师了。

与老师傅亲切交谈

那时候,我每天晚上练腕子,过脑子,琢磨琢磨人家白天咋剃的。我跟老板写了字,也叫徒弟状,大体意思是马碰车轧都不管,投河觅井也不负责。这就是拜师。我给刘师傅磕头拜师。白天干杂活,主要是拧手巾把儿。解放前在剃头行业特别兴这个。虽然不是很公平,但是写过字的徒弟算是师出有分,学徒时间是三年零一节。

那时候天津还没解放,国民党的官兵经常去剃头。都是陈长捷的队伍,四川人多,一说话就是老子这个老子那个的。大部分理发都给钱。有一个买菜的国民党兵总上我们这里串门儿。那会儿我19岁,他总跟我逗着玩,老子咋咋着,老子咋咋着,说些笑话、口带语。有时也剃头,人不坏。有一次我问他,你咋这逗乐啊?一开始他没听懂我说的话,来了句,逗乐是啥话嘛?我说,你咋这高兴?他说,老子再不高兴几天,可就没机会喽。问他为啥,他拍拍我的脑瓜,小孩子家别瞎问。

　　有一次，他还带来一个大胡子的蒙古族大兵。进来就嚷嚷剃头刮脸，一个子儿都不少给。那个做饭的把我拉到一旁，快打仗了，他非得让我带他来剃头刮胡子，你让你师傅给他剃，你可千万别应他，这家伙不好惹。我说明白。偏巧那天师父不在，我听大兵的话，没过去。我的三个师弟觉得是练手的好机会，抢着给他剃头，结果在刮胡子时，仨人谁也没刮下来，大兵急了，妈的！拿老子耍着玩儿，刮得啥玩意儿，故意给老子刮不净，好让枪子连胡子一起打进肉里！你们他妈的是哪儿人？老子端了你们的老窝。他不说这句话，我还能忍住，这下我可忍不住了，我噌地窜到他跟前，得仰脖看他。我说："你老子是宝坻人！我给你刮，刮净了，好让枪子穿得痛快点儿。"这下倒把蒙古族大兵吓住了。我看到我的三个师弟和那个做饭的大兵脸色都很惊慌，他们都在替我担心。这会儿，蒙古族大兵缓过神来了，重新坐到椅子上，狠狠地说，刮不了，老子掐死你！我想起师父教我的那几句话，我就照着做。是这样做的：头一个叫刮前闷，把胡子先刷上肥皂沫儿，用第一个手巾把儿闷上；第二个叫抹后擦，用另一个手巾把儿擦净肥皂沫；第三个叫刮完顺，就是刮完了再用第三个手巾把儿擦干净，擦的动作非常快，一顺而过。我按照这几步做得很顺当，大兵非常满意，痛痛快快给了钱，还说，我要是能活下来，回头还让你剃头刮胡子。

　　解放天津的时候，我正在天津。打得最激烈的时候，就听到机关枪"当当当当"地闷响。我们的理发店有一个小暗楼，暗楼有一个小院，中间有空隙，当时有一颗小炮弹在房子上爆炸了，有一截木头正横在两个中间，房子没倒。师傅说我们命不当绝啊！

　　我是1949年出师，我们那行当没什么管头儿，去哪儿都行。

头一个去红桥区侯家后"太记理发馆"干了几个月,西头的"德成理发馆",掌柜的叫赵德成,干到 1956 年公私合营。当年的技术交流,我是红桥区理发行业的第一名。那时分甲乙丙丁四级店,甲字店剃一个头 6 毛,乙字店 4 毛 5 分,丙字店 2 毛 5 分,丁字店 2 毛。那时天津市还有两个特级店——和平的南京,河西的重庆,都是 9 毛钱。

1962 年下放回家。60 岁那年,我在宝坻石幢旁开的"庆记理发店",干了一年多,又到了小道口干了一年多。期间,我把闺女教会了,她也开一家理发店叫"秀云理发店",就在岳园小区旁边,剃头刮脸……会做全活儿。现在,特别是女理发师当中,会传统剃头手艺的可不多了。

奇人刘金月

刘芝甫,1936 年生,黄庄镇水硫村人。16 岁跟本村剃头前辈刘金月学艺,刘金月,1866 年生,此前一直在东北剃头。师傅教刮葫芦练腕子,演示蒙眼剃发的绝艺。

采访时间:2015 年 9 月 17 日

1952 年,我 16 岁在本村学理发,我师傅叫刘金月,七十多岁,他在伪满洲国剃过头。听他说,老剃头艺人干完杂活儿,刮葫芦练腕子。学了三年以后,吃劳金去了,他的眼睛不好,又争强好胜,我不如你就不行,结果又学习去了。学拿麻放睡。浑身有多少骨头节他都知道,头疼牙疼都会治。日本鬼子、国民党、大老板、阔太太……啥人都找他剃头理发。我一直就没看到有一个比我师傅技术再好的。

他特别讲义气,救死扶伤。有一个要饭的,摔了一跤,把大胯摔掉了,哎呀哎呀,起不来了。当时围了好多人,谁也管不了。这

演示刮葫芦绝技

时候我师傅来了，上去一摸，用手一托，嘎巴一声，起来吧，那人能走了。要饭的说，我也没钱给您呢。他说不要钱。

他一辈子没娶媳妇，原因是他一只眼瞎，脾气又不太好。我们也想学蒙眼技术，学不了，他就给我们演示。在家里教我们的时候，洗好头，"你坐那里，你们谁把我眼蒙上，别让我看到东西，叫谁谁过来。"刀子在脑袋上转一圈儿，好嘞，走吧，一摸，剃得溜光儿。我们村有一个叫刘金户的，张飞胡子，哪位剃头师傅见了都犯怵。我师傅不在乎，拿水刷蘸点儿开水，一刷，拿热手巾一闷，把刀子荡荡，打上胰子沫，就从下巴那里开始，他怎么来呢？他坐凳子上，不是剃头棚里的椅子，那敢情好刮。他这样刮，由下巴上来到嘴唇，就这一刀，这腕子这活呀，像游龙似的，都看不出转弯来，刮得溜光锃亮。教我们的时候，庄里的小孩走到跟前，他就招呼，来来来，进来剃剃，我们就拿他练手。

我们七个人，刘德生、杨景春、我排行老三、马春方、刘玉深、刘之秀、刘玉民。师傅不收学费。那会儿，我们村被水围着，像个小岛似的,他主要是想给我们找个饭碗。出师后,我们几个师兄弟打唤头剃头。1949 年到 1959 年连发 10 年大水。1952 年,我去天津化工厂到汉沽再到天津,在我二师兄的姐夫那里落脚,他起茅房、扫当街。三天后,我们就出去散剃了,小孩 1 毛,其他是 1 毛 5 分或 2 毛, 够吃饭住店的了。我们住在南马路西关街恭顺店。回来后,互相问问收入。干了一阵子,越干越不行,我上我大姐刘之福那儿去了,她在现在的西青区,她给我拿了两块钱,让我坐船回家来了。到家就学木匠了,打柜子、打棺材……

"发痴"

顾文萃,艺名顾忠源,1931年生,林亭口镇顾庄子人。从小痴迷女士发型,16岁去天津"南京理发店"学艺,专门钻研女士发型。经他研创的"竹篱小院""高山流水"等数不清的头型在全国美发大赛中全部获得第一名。

采访时间:2015年9月6日

提到故去的理发师傅顾文萃,躺在病榻上的老伴孙桂英来了精神。顾文萃还有一个响当当的艺名叫顾忠源,艺名不是随便起的,在当时只有出名的理发师才会有艺名……孙桂英的话就像泄闸的洪水收不住了。

顾文萃从小就聪明,酷爱理发,尤其对女士发型颇感兴趣,甚至到痴迷程度。看到新鲜的发型就画下来。15岁那年,顾文萃随父亲去镇上赶集,看到一个女孩的发型非常好看,从来没见过。他追过去截住女孩不让走。女孩的母亲赶过来,拧着顾文萃的耳朵，喊小流氓。顾文萃一边哭，一边掏出铅笔头和纸，直到父亲赶过来，向那母女赔礼道歉并说明缘由，母女俩才不解地离开，而此

采访顾文萃老伴孙桂英

时的顾文萃还不忘瞄着女孩的发型写写画画。气得父亲真想抢过来撕掉，但他知道儿子已经走火入魔了。

1947年,16岁的顾文萃做出一个惊人的决定，只身去天津学理发。父亲说，你去我不反对，家里还少了一张吃饭的嘴，可得容几天工夫找个介绍人啊！顾文萃固执地说，我不用介绍人，我自己能找到适合我的理发店。第二天,顾文萃带上画纸和几个高粱面饽饽去了天津。

到了天津,他见人就打听,天津城最好的理发店是哪家儿？有人告诉他是"南京理发店",顾文萃用了一天的时间找到了这家位于和平路南段的理发店。掌柜的见是一个孩子，没太在意，就说，没有介绍人我们不收，你上别的理发店去看看。顾文萃急了，我就是冲着你们店的名气来的，别的理发店太小，盛不下我！掌柜的被他气乐了，问他，你是哪儿的人？我是宝坻县的。噢，都说宝坻县出剃头的，要不这大口气。你说说你都有啥本事？顾文萃从兜里掏出一沓叠得褶皱的纸张,上面画的都是女人的头型。

掌柜的看完，心里惊喜。为了压一下这孩子的傲气，他板起脸说，天也快黑了，你就先住这里一宿，收不收你，明天再定。小小年纪的顾文萃何等聪明，他看出了掌柜的心思，欣然接受。到了店里，看到已经该下班了，他抢着打扫卫生，替师傅们洗工作服。掌柜的越看越喜欢，当晚就决定收他为徒，并与他写了字据。

果然，顾文萃天资聪颖，又有一股钻劲。当时的"南京理发店"与"上海理发店"齐名，在天津数一数二。在学徒中，掌柜的经常考他。有一次，掌柜的指着一个过路的女人问，文萃，你看她是什么头质？顾文萃稍微观察一下，他告诉师父，那个女的头质看上去应该很软，而且她的脸特别大，适合烫发，然后再修修边就好看了。掌柜的很吃惊，没想到他能举一反三，以后对他格外青睐。没用三年就让他出师了，而且专工女活。

两年后，中华人民共和国成立，顾文萃的理发技术突飞猛进，已经是店里的名师傅。一天，掌柜的把他叫到身边，告诉顾文萃，理发店建于 1943 年 8 月，前身叫长乐理发店，单做男活，生

顾文萃为学员耐心讲解理发要领

徒弟作品

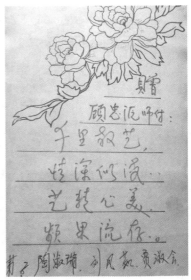

弟子赠言

意很是不错。后来，我又请来了一些技术高超、有名气的理发师投资入股，由单一的男部发展为男、女两部，成为天津最大的理发店。文萃，手艺到这步，师傅教不了你了，但愿你以后挑起理发大旗，为"南京"、为宝坻争气。今天师傅给你起个艺名，由于你智慧才能出众，就叫顾忠源吧。掌柜的又当着全体店员宣布了这个消息，从此顾忠源的名字在理发界叫响了。

　　1956年公私合营，顾忠源被派到北京东大地一家理发部学习深造，回到"南京理发店"一边理发，一边带徒弟，每年都带出几十名徒弟。业余时间，他也很少休息，专门钻研女士发型，有灵感就赶紧画下来。1987年，经他研创的"长发短作""竹篱小院""高山流水"等发型在全国美发大赛中全部获得第一名，并将这些头型制作诀窍毫无保留地传给他的徒弟们，经他传授的学生，

领奖台上　　　　　　　　　参赛作品

也分别在各自的单位有着不俗的表现,真可谓桃李满天下。

　　"听说现在,天津老字号协会将南京理发店确立为首批津门老字号了,多好啊!等我到那边,我一定告诉他,他准保美坏喽。"孙桂英比谁都高兴。

南京理发店部分员工合影

艺德

　　有艺无德，不是真剃头匠;有德无艺，只是行业外的一个好人;艺德兼备，才算得上剃头行业的高手。宝坻剃头匠的剃头技术无可挑剔,而在德方面,他们更是践行着"吃亏是福"这句话,用他们广阔的胸怀,阐释着艺德,他们是这方面的典范,这方面的楷模。

贵　人

　　杨永发,1938 年生,周良街道赵聪庄人。16 岁去沈阳本溪湖跟表兄张学增学习剃头。出师后,在夹包跑散当中,遇到过贵人;回家后,又成了别人的贵人。杨永发说,这些都是剃头匠应有的德行。

　　采访时间:2015 年 8 月 24 日

　　我 16 岁离开家去辽宁沈阳本溪湖学剃头,我师父是我的大表兄张学增,老店是西河口张世勋开的,我去的时候那个理发店已经是公家的了,归沈阳服务公司管。张世勋很会剃头,当时已经退休了,就剩下大表兄和其他三个人,有西河口的张殿龙、尹福财,还有一个小庄子的叫石文玉,现在,只有小庄子的石文玉还在,那几位去得都比较早。

　　我大表兄的姥爷姓黄,好像是口东公社的,老爷子是瓦匠头。他很喜欢我,晚上,没人的时候,老人家让我去大表兄那屋学

灿烂的笑容

剃头。拿他的脑袋让我练手。第一次我很害怕，生怕剃坏了，老爷子说，你就放心大胆地剃吧，剃坏了我也不嗔着。我表兄在一旁连比画带告诉，把胳膊抬起来，两个胳膊总保持这样待着，两手捏着……每天晚上，都练一个小时。这叫开小灶。

当年，我就出师了，出师后开始夹包剃头。

给人剃头也认识了很多朋友，在别人家也吃过饭。剃头时间长了，有固定的客户了，当时叫主头活。过的时间不长，不允许散剃了。我因为不想受管制，就偷偷地单干。结果挨逮了，逮住以后，让我坐火车回家。逮我的那个人是当地的同行，他有牌。我坐了一站，看没人跟着，就下了车，换上回来的火车。又偷偷地干，结果又给逮住了，这回是我们庄的外甥，他叫王文章，一看是我，他就劝我入社。我一看这单干是没戏了，就听他的话，去了一家理发店，成为一名剃头工人。

我在东北待了三年多，想家了，就回家来了。回来以后去密云窑地干活，窑地人很多，领导知道我会剃头，就让我给工人剃头。我想，下班了，待着没啥事儿，给人家剃头也不收钱，也挺好的。

有这么一个故事，也是真事。张岗铺的李少杰，到我家剃头，当时正吃晌午饭，我让他在这里吃饭，他说不吃，等剃完头到本村的亲戚家吃去。我一听，赶紧放下饭碗，开始给他剃头刮脸，最后到洗头的时候，他说有点儿不好受，我让他躺炕上待着，然后，我叫家人赶紧告诉他的亲戚。我问他，你平时有啥毛病没有？他说心脏有点儿不好。我赶紧找出我老伴用的速效救心丸给他吃一点儿。

不一会儿，他的亲戚赶来了，又过了一会儿，他的家人也开车过来了。一看没啥事情，就放心了。临走还一个劲儿地感谢我，说我是李少杰的贵人，救命恩人。等他们走了，我心想，剃了将近一辈子头，我尽遇到贵人了，没想到我今天也做了把贵人。这些都是剃头的赏赐啊！

态　度

　　刘军,1933 年生,林亭口镇小李庄人。他常说无论干哪一行当,态度一定要好,都得规规矩矩,不能整出斜的歪的。不介,早晚有一天会有倒霉的事情找到你。

　　采访时间:2015 年 9 月 8 日

　　1952 年,我在沈阳大北边门外"明德理发馆"学剃头。理发馆是我舅舅张永胜开的,他是窝贝厂的人。当时有本村的刘连鹤等人。我舅舅又是老板又是师傅。我学了一年多出师,我学徒的时候不算太严格。

　　1958 年,我去唐山西山口第二理发店当师傅。店里一共八个人,有五六个都是宝坻人,名字想不起来了。那时已经是公私合营。

　　那会儿有一个姓杨的师傅,说话损,好抽烟。那时候剃头都得去国营理发店。头发长了要赶早去,去晚了排不上个儿。剃头

杨师傅像挨电似的从椅子上蹦起多高

的人多,杨师傅自然就累,累了就要休息。剃上一个头,他要吸上一根烟,不管顾客多着急,他都不紧不慢的。客人也不敢嚷嚷,只好小声儿求道:"您受累,先给我剃了这头,我着急上班。"

他可好,慢慢地吸着烟,眼皮都不抬地说:"上吊也得让人喘口气吧!我这都站了一上午了,腿都站直了。"

顾客只好赔着笑,递上烟,好言好语,他才紧吸两口,起来干活。

杨师傅剃头利落,唰唰几下子头就剃好了。顾客对着镜子照了照,不满地说:"你瞧左边剃得有点儿缺肉吧!"

他不冷不热地说:"眼睛不好使吧!赶紧走吧!后面还有人等着呢?"

有一次,杨师傅遇到茬儿了。那天他又来那一套,你不上烟就是不给你剃。其实杨师傅也是倒霉催的,他也没看看来的那主儿长啥样儿!就那身坯子能装进三个杨师傅。结果人家急了,你不是爱抽烟吗,那主一块点着三支烟,把杨师傅没抽完的那根烟从嘴里薅出来扔到地上,把点着的那头直接塞进他嘴里了。杨师傅像挨电似的从椅子上蹦起多高,一看那主,没敢言声儿,龇牙咧嘴地给人家把头剃了。

所以说,无论你干的是哪一行当,态度一定要好,都得规规矩矩,不能整出斜的歪的。不介,早晚有一天会有倒霉的事情找到你。

三年后,我由唐山回来,支援三线,去了八个月,也是剃头。都是各县的官,都在师部,对剃头没啥要求。回来后在家务农,再没剃过头。

"智斗"

张宝峰,1931 年生,宝坻钰华街道人。18 岁去北京通县学徒,后到"天津新开路理发店"等多家理发店做管理工作,所到之处,全部扭亏为盈。其间用智慧斗败了在店里有"母老虎"和"坏老头"绰号的"捣乱分子",使理发店的工人都拿上奖金。

采访时间:2015 年 7 月 2 日

账本清清楚楚

　　我18岁那年,宝坻县发大水,庄稼绝收,没啥可吃了,人们把树叶都吃光了。父亲让我去北京通县牛堡屯大爷家学剃头。那时的北京也是天天下雨,把土墙浇倒了。大娘不喜欢我,给她的孩子做新鞋穿,不给我做。大娘让他的孩子待着,让我收拾倒塌的土墙。后来我实在待不下去了,就想回家。那时北京刚刚解放,到哪里去都得要路条作证明。大娘不给开,一气之下,大早起我蹚着齐腰深的水,一直走到夜里,辨不清东南西北,只好向心里认为的东走去,我认为那个方向就是宝坻。第二天继续赶路。7月天,大水漫灌,庄稼挡着看不清路。约莫下午4点钟,我向上年纪的人问路,他也知不道宝坻在哪里。天黑时,我到河堤,看见一间小房子,一个老太婆约莫七十多岁,在做饭。我怕人家知不道宝坻,就问香河咋走。老太太也不认识。这会儿老头儿来了,耳朵特别聋,得趴在他的耳朵上喊:大爷——您知道宝坻在哪儿吗!老爷子这才听清:"可不行啊,那地方去不了啊,路

师徒合影留念

上都是深沟,掉里就淹死。这么晚了先住一宿,明天我把你送到大庄(上甸村)。"

半夜门响,老两口儿起来碾棒子,给我贴饽饽吃,然后告诉我向东走。第二天下午,四五点钟走到小道口(城北)的位置。正好到老姨家,住下了。当时她说,你先别走,怕你爸找那边打架去,第二天再走,这事也别都照实说。这样我在家待了一年多,我大爷又回来找我了,让我回去,那我咋还能回去?结果没回去。

1954年,岳母托人,介绍我去了天津市河东区"三星理发店",干了四天。由于技术不行,也不会吹风,就不干了。店里的四位师傅好心肠,大伙出钱,帮我买了刀子、唤头等剃头工具,让我上街(gāi)。去了一天,做了一个活儿,挣了2毛钱。那会儿我胆小,专找没人的地方打唤头,怕人家找我剃头。转天有老乡把我介绍到"光荣理发店",一个月10块钱,管饭。那儿就一个掌柜的,干了两个月,没给钱,我就不干了。又到"普通理发店",掌柜的对我非常好。后来,我在一个同行的介绍下,去小郭庄"利华理发店",干到1956年1月18日公私合营。

那会儿是工人阶级当家做主,全市游行,非常热闹。小郭庄三个理发店合并,七位师傅,我的手艺练得早就数一数二了。后来选经理,把我选上了。每天的工作是开会、管理、剃头。干了20年,一直干到44岁。因为管理得好,工人们每个月都拿奖金,而且是高奖金,80至100元,年年被评为先进门市部。结果跟书记发生了矛盾。书记是女的,叫张秋香,主要是看我做出业绩她生气。我工作的最后一处是"新开路理发店",两个门脸,八个人。有两个人不干活,一个是男的,叫坏老头;一个是女的,叫母老虎。

那会儿，我晚上出去吃饭，回来住门市部。头一天，坏老头把门市部的锁头抹了屎，还粘了一颗洋火根儿。后来宝坻老乡赵文广告诉我，你把理发店搞得好，他生气。我想第二天找他谈话，让他改邪归正，没想到还没等我去找他呢，公安局的上门市部来了，把坏老头给抓走了。

跟母老虎打架是因为她进门就骂街，每天都这样。后来我说，你别老骂街。她说，我骂你了？我说你骂谁也不行，影响大伙儿干活。她上来就拿手捅我脑门。我推了她一下，她就躺地上撒泼打滚。和我对骂，足有半个小时。她在家歇了一个礼拜，书记向着她，让我给她赔礼道歉。我说啥也不去啊。后来母老虎把奶子抹上红色，一上班，撩起衣襟就骂：我让流氓打了。我说，我把流氓打了。母老虎一听没赚便宜，又走了，歇了二十来天，前后一个月。有一个副经理悄悄和我说，母老虎这月工资你来出，你俩的问题就解决了。我说我给，医药费我也拿，两样加起来，一百够吗？副经理火了，我是好心告诉你的。我说我有理，还我花钱，领导还向着她，我不当这个经理了！这一闹，公司决定再调查研究，结果水落石出，公司担负全部费用，并对母老虎进行批评教育。后来我主动找到母老虎谈心，这一下，她受感动了。说以后谁和张师傅过不去，她就不答应。经过两年多的经营，每个月我的工人都拿奖金，而且是高奖金，80 至 100 元。理发店年年被评为先进门市部。我为啥又磨叽一遍？就是想让人们知道，宝坻剃头的不孬！

书记看我把店管理好了，又把我调到河东区唐家口"工农理发店"，店里有 10 个人。我一进门，没一个人理我，其实有的还是熟人，我就纳闷。那会儿老经理黄瑞春还没走呢！我一看，店里是脏乱差。我说咱们都别干活了，开会！打扫卫生，我牵头，一边扫地一边聊天。咱们的地方非常好，热闹，如果干好了，准能拿奖金，一个月多拿个二三十块钱没问题。大伙的眼睛立马就亮了。两个月后，实现了。公司的人事科长在开现场会时，专门表扬我。那会儿剃一个头最多三毛五。后来我问，为啥刚来那会儿没人理我呢？他们告诉我是老经理不让我们理你，说你太厉害。五个月之后，有一天结账丢了五块钱。老经理告诉我有人偷钱，偷钱那人跟我还挺好。我就纳闷了，也留心了。有一次，我故意没锁抽屉，那人正翻抽屉呢，让我逮着了，一看是老经理。书记、经理都来了，老经理说，他来我就生气！我干这么多年没受过气！我问，我来没人搭理，这叫受气吧？后来，老经理想提拔一个徒工，他啥也不干，还瞎掺和。我说，过来，我带你。我心话，人心都是肉长的，我看你能坏哪儿去！我真心带他，没超过一个月，我就把理发技术传授给他了。我说你不笨啊！他说师傅，你能手把手教我，我再不好好学，就不是人了。后来老经理攥着我的手，张师傅我服你了，实话告诉你，那是我外甥，谁也管不了。

　　刚把这店搞好了，书记又把我调到"海河理发店"。那是河东区最大的理发店，二十多个职工，活价儿比别处多5分钱（4毛钱）。我跟书记执拗半天，1979年8月1日，我去了。走到半路，跟卸任的经理碰面。他还知不道把我调去了，问，老张你去哪儿？我说就接你的班。他说那破地方真不好管。当时是这样，男部13个人，女部7个人，男部的生意不够干，越这样，几位师傅积极性没了，聊天玩儿。女部干不过来。我就想了一个辙，找他们谈话，男女部对换。开始都不乐意。我说你们都是老师傅了,手艺也好,就是拿不到奖金,不是不想吧,就方法不对。这一换屋,7个人干13个人的活,也闲不住了;13个人干7个人的活也轻省点儿了,但是钱却上去了。说办就办,8月份就不赔钱了,9月份理发旺季,那个月的奖金加工资每个人都超出100块钱。

标 兵

李贵春,1935 年生,大唐庄镇毛家庄人。17 岁去天津市河东区唐口大街"普通理发店"学徒。被连续评为河东区财贸系统"四大标兵"之一:饮食、百货、修配、理发。被评为河东区模范党员。

采访时间:2015 年 8 月 30 日

我 17 岁去河东区唐口大街"普通理发店"学徒,一年后出师。

在学徒时,我遇到这么一件事情。有一次,理发店都关门了,我收拾收拾,想早点儿睡觉。实际上白天师傅就嘱咐了晚上练腕子,反正师傅也没在,就想偷偷懒。正这会儿,有人敲门,我不敢开,怕是坏人。就听外面有人喊:师傅,开下门,给我剃剃头,您就晚歇会儿吧!是个老头声儿。我不耐烦地开了门,一看这老头有七十来岁的样子。我说大爷您明天再来吧,我们关门了。大爷说

打开话匣子

关门您也得给我剃剃头。我说师傅都家走了，我是学徒的，剃不了。大爷说有啥剃不了的，正好拿我练练手，我不在乎。说完就坐到椅子上等着去了。我心话，要不白天也抢不上槽，还不够我的几个师兄练的呢，现在是千载难逢的机会，人家都送上门来了，不拿他练练手，不就成了傻瓜吗？我说大爷我给您剃可以，可是我确实是新手，给您剃坏了，您可别赖我。大爷说剃不好还剃不坏吗？快剃吧，该给你钱给你钱不得了嘛。我一听，火上来了，高低给你剃了。好嘛，拿起刀子，就忘了从哪儿下刀了。情急之下，想起掌柜的说的话：僧前道后民中间。遇见僧人了，从头顶上往前剃；遇见老道了，得从头顶往后剃；老百姓从中间随意剃。其中也体现了理发行业的世俗的一面。

于是我就从中间随意剃，把老头剃得满脑袋都是大死口子。老头知不道呢，我赶紧拿手巾一个一个地擦。大爷还问呢，剃完了吗？我说快了。下面是拉一口子擦一个口子。剃得脑瓜子跟花瓜似的。剃完了，大爷问我，小伙子，刀子不快了吧？我正琢磨着到底向不向大爷说实话，赔礼道歉呢，大爷站起来，一个子没少给，就走了。我赶紧关门，收拾收拾，上铺睡觉。

　　我正睡得迷迷糊糊的时候，就听啪啪地有人敲门。把我吓醒了，心都提到了嗓子眼。我心话坏了，找来了，于是我硬着头皮开了门。我猜对了，是老头的儿子领着老头找我来了。他儿子长得五大三粗，说话瓮声瓮气的，看着就吓人。谁给我们老爷子剃的头？我说我。他说你把门关上再说。我说关门干啥，大热天的。他说，要不介你把我家老爷子拿剃头刀子宰了得了，你看我爸的脑袋还有一地儿是好的吗？我说我是学徒的，这位大爷非得让我剃，坐在椅子上不走了。我给您和大爷赔礼道歉，钱退给您还不行吗？大爷也说，是我硬让这位小师傅给剃头的，我说别来呢，你非得找来，多没劲。他儿子说，那就这样算了？我说要不我给大哥白剃一个头。他儿子说，算了吧，我可不想受那罪。

　　从此以后，我再不偷懒了，一有空闲就练习技术。心里一直盼着那位大爷再来，好补偿一下，可他始终也没来。

　　1966 年，我被调到"大桥道理发店"。成立革委会之后，我被调到河东区中山门新村"革新理发店"，抓管理，带徒弟，深造练手艺。我在 1979 年至 1980 年，在河东区财贸系统大比武中荣获"四大标兵"（饮食、百货、修配、理发）称号。连续两年被评为河东区模范党员。1985 年病退。

感 化

　　王殿文,1931 年生,林亭口镇邢各庄人。18 岁到和平区滨江道"兄弟理发店"学习理发。公私合营后,任服务公司门市部经理,使门市部扭亏为盈。

　　采访时间:2015 年 9 月 8 日

　　我在 1949 年,我 18 岁,坐着小船去天津学徒。先在和平区滨江道"兄弟理发店",掌柜的是平谷县(今北京市平谷区)丁凤山,我有四个师傅,鲫鱼甸郑云波,武清冯怀公、孙惠文,胜芳刘佩友。

　　学了不到一年,我一看学手艺的时间太少了,于是去了红桥区的针市街"明记理发店",那时候我就可以做活了。掌柜的叫张明力,有五个人,到那时就不学徒了,拿提成,我属于半个师傅,所以拿四六中的四成。干了两年多,1952 年,我到了红桥区西北角"百盛理发店",掌柜的是张庄子的叫孙百盛。当时有十个人,男女活都做,里外间,里边做女活,外边做男活。宝坻的还有王卜

我有四个师傅

庄的叫张玉成、张老人庄的王新，他们现在都不在了。

　　1956年公私合营，我到了红桥区服务公司，在一家理发门市部，1957年入党。其间，我在全区技术比武中获过奖，虽然奖品只是水杯、钢笔和奖状，可这是国家对我这个乡村剃头匠的肯定。1958年，我担任理发部的经理。天津刘广林爱泡病号，拿了假条就显摆，天津的幺万林迟到早退，起到了负面作用，搅得其他工人都不好好干活了。我一看，要是再不管管他俩，理发店就该散摊子了。我软硬兼施，先来硬的，拿幺万林开刀。那会儿他总不剃头，头发留得很长，跟个小流氓一样。我说，万林你也该剃剃头了。他说，谁剃得了我这个刺头？我说我就能剃你这个刺头。我趁他一打愣儿，把他拽到椅子上，抄起剃头刀子，不几下就给他剃了个秃鸡子儿。刘广林一看我这大力气，屁都没敢放，老老实实做活儿去了。我心话点到为止，该来软的了。下班后，我把他俩叫到办公室。我说，现在解放了，又赶上了公私合营，咱们都成了国家的正式工人，一定要好好干活,在服务态度和劳动纪律方面要加强,你们俩都是老师傅了,又都是我的好哥们儿,应该捧老哥哥一下……最后,这俩都让我给说服了。

　　就这样,在我的管理下,这个店的工人工资高了,奖金有了。

激　情

　　王志旺，1938 年生，尔王庄镇高庄户村人。18 岁去黑龙江省鹤岗市"新华理发店"学徒，公私合营后，在第三服务公司做理发员。当时国家号召：服务行业要掀起热潮。理发行业不甘落后，他和同事们决心在理发行业做领头羊、排头兵。

　　采访时间：2015 年 9 月 28 日

服务行业对顾客态度要好

　　1955 年,我 18 岁去黑龙江省鹤岗市"新华理发店"跟我五叔王文举学剃头。当时,在整个鹤岗市有百八十理发师,宝坻人最多。学了一年多,就赶上公私合营了。我就被调到新街三社,归鹤岗市服务局第三服务公司管辖,在那儿干了 35 年,期间当过几年组长。1958 年至 1959 年,国家号召服务行业对顾客态度要好。理发行业不甘落后,我和同事们决心在理发行业做领头羊、排头兵。当时有句顺口溜:

> 理发店,门扇儿开,
> 远近顾客您都来。
> 先倒茶,后端水,
> 服务技术暖胸怀。

　　1990 年,54 岁时回家。那会儿主要是给老百姓剃头。

无 私

　　李芬,1937 年生,林亭口镇小侯庄人。16 岁去天津城厢区
"华林理发馆"学徒,擅长女活。公私合营后,被调到天津中心理
发店,这是一个亏损店。之后做了组长,他把擅长的女活技术无
私地传授给店里的工人,使只会干男活的师傅掌握了女活技巧,
使小理发店焕发生机。

　　采访时间:2015 年 9 月 11 日

　　我 16 岁在天津,就是现在的天津市北马路,那时的理发馆
叫"华林理发馆",老板叫李柏宗,是宝坻牛庄子人,是我的哥哥
李文介绍我去的,他在和平区一个叫荣兴池的澡堂里当经理。

　　"华林理发馆"除了老板还有四位师傅,一个叫陈浩是宝坻
口东人,黄德山是王庄子人,王德增黄庄人,还有杨连苍,他是蓟
县人。老板也会剃头,那时候不时兴拜师了,师傅指导,天天锻
炼,锻炼手腕子,每天拿刀子剪子手推子练习,白天扫地干零活,

晚上练习，两年学成，自己单干、拿提成都可以。出师后，我留在店里拿提成，按四六分，我拿四老板拿六，但和师傅们不一样，有活儿先给师傅干，师傅干不完，剩下的活儿我再干，干完后，给师傅们计数。

公私合营后，我在那儿又干了两年多。当时一般剃头的都是工厂的，我们这里离工厂很近，工厂给工人发票，剃头的票，每月每人发两张票。那个工厂是天津市被服厂，是专门给军队做衣服的工厂。

1958年，我被调到了"北中心理发店"，在那里当组长，管十来个人。里面的人差不多都是咱们宝坻的，原来的情况不太好，年年亏损。当时没有做女活儿的，我提议做烫头，因为我本身是做女活儿的。那十多个师傅都是做男活儿的，开始他们不会做女活儿，于是开始二次学艺，都帮着顾客洗头，帮着干点儿零活儿。我这个组长教他们，不几天，我就把这几个人都教会了。那时候有个做女活的师傅，叫霍红珍，是个女的，有个叫张广林的也是宝坻的,他们都是我带出来的,而且是我认为学得最好的。

做女活主要是卷卷儿,特别是热烫,得用电卡子,控制温度主要看卡子,上面抹上药水,药水一干,就行了。药水是烫发水,要是等到药水干了,就把卡子摘下来,需要掌握火候,拔晚了头发烫糊了,拔早了头发烫不好。烫的头有波浪式、荷叶式,还有老年式。也出过笑话,因为徒弟看不好,把头发给顾客烫掉了,只好央求人家,下回再来,做头发不要钱。

那时候做男活4毛钱,做女活1块2毛。在我的管理下,生意越来越好。有的顾客比较难伺候,尤其女顾客爱挑毛病,说给她做得不好,这里不行,那里卷高了,矬了,要不就是波浪不均,很难伺候,只能给她们再做,说要什么样的,再做什么样的,让顾客满意为止。不过能让那些人满意也不吃亏,她们到外面就给你张罗活计,是活广告。很快理发店就红火了,原来的工人工资每月52元,我到那儿以后通过改革,一般的工人都能拿到65元,收入都多了,大伙儿的心气也高了。

1962年,我响应国家号召,下放支援农业,因为当时的粮食不够吃,还要还苏联的饥荒(债务)。回到老家在生产队干活。

1989年,我跟尹庄子的李庆龄,还有一个田庄子的师傅合伙开过理发店。

骨 干

顾连成,1932 年生,林亭口镇顾庄子人。其妻张梦兰,1933年生,糙甸人。由于顾师傅已经离世,以下是张梦兰口述。

采访时间:2015 年 9 月 6 日

他白天理发,晚上去夜校学习文化知识

顾连成一开始在唐山学徒，师傅姓高。他们学徒时先干活，给人家倒水、做饭、扫地……啥都干。顾连成没学几天，就去天津了。那会儿他只有15岁，去了天津南开区"恒顺兴理发店"，在那儿学徒更受罪，天天吃咸菜、饽饽头，干活，看孩子，做饭。

顾连成照片

1956年，公私合营。顾连成白天理发，晚上去夜校学习文化知识。领导喜欢上进的员工，把他调到服务公司当部门主任，管理南开区浴池、理发、照相等服务行业。

他做管理工作非常认真，干工作兢兢业业，加班加点。结果劳累过度，一下子就病倒了，动了手术。1992年，旅店的、澡堂子的员工开始下放，支援农村农业建设。病情刚有点儿减轻的顾连成主动打报告申请回家。领导说你可是咱公司的骨干，不能放你回去。结果又换了一

荣誉证书

位新书记,是部队转业的,不懂业务,又把顾连成留下了。由于手术后伤口还没长好,一开会,就到我家。那时公司跟我们住的房子就隔道墙。

顾连成带病坚持了一年,1993年才正式退休。

他是一个上进的剃头匠,把他的一生都献给了国家的理发事业。国家也给了他很多荣誉。

武松理发店全体员工合影

盯就盯呗。

　　现在想想，当时也是服务行业的一场大跃进。

　　之后，我回家当了生产队的大队长，干了十七八年，其间义务剃头。后来，也不知咋的，我的手被累抖了，拿不了刀子了。又因赶大车，把腿累坏了，站起来费劲，没办法，把刀子挂在墙上，不干了。后来孙女女婿干理发，他觉得家什好就送给他了。

　　唯一不如愿的就是，在我还没干够剃头的时候，老天爷却不让我干了。

吃亏是福

高树云,1937 年生,大唐庄镇狼尔窝村人。15 岁去天津东站一家理发店学艺。有些主顾还价厉害,总想花一份钱剃两个人的头,当时有感而发:让小毛驴跑得好,还得让小毛驴不吃草。

采访时间:2015 年 8 月 30 日

我 15 岁去天津东货场一家理发店跟高月、高岩两个叔叔学剃头。店里都是宝坻老乡,有本村的王恩运、王恩泽、刘彬、张景梦……年纪大了,剩下的人记不清了。那会儿我的两个叔叔都是大连鬃胡子,每到晚上,他俩轮班坐在木凳上,让我练习刀子、剪子、推子活儿。我问,客人不都坐在椅子上吗?他们说,等你到外边夹包剃头,多数都是坐凳子,手法不一样,现在就让你熟悉熟悉没亏吃。四个月后,我开始夹包剃头。

1952 年,我去小树林周围,挨家挨户打唤头。第一个是小孩,有四五岁。也该我倒霉,这家子这矫情。开始客客气气,给孩子剃

倒
倒
肚
里
的
苦
辣
酸
甜

完,也给他爹妈理发。挺费事的,推平头讲:留平头,刮四四。四四指的是两个鬓角和两个耳朵后面,这四个部位必须得推好,不然就丢了手艺。你说我刚出师,推起来费劲,鼓捣了将近半晌。末了一算账,他们非得给我1毛5分,那可是仨人剃头。我说您也不能让我赔了。他们说,赔嘛,不就搭点儿功夫吗?不行这样吧,中午管你饭。我一看外面,还真到晌午了。吃就吃,反正到外边一顿饭也不少花钱呢。一盘咸菜、一盘花生米,米饭,男的还给我倒了一盅儿白酒,好像是蚌埠酒。嘿,你说吃着吃着,男的在饭桌上哭了。小师傅,别嫌我们抠门,我们也是太穷啊。说实话,就是想赚点儿便宜,这是您没赶上,我家还仨孩子在外边捡破烂呢,要不也一块剃了。这一说,吓得我都没吃饱饭,就跑了。

后来我也挺后悔的,不应该嫌弃他们。这一顿饭顶得上剃头钱了。又过了个把月,我又去那家,发现他们已经搬走了。我心里挺难受的,好像我欠了人家啥似的。

后来我叔叔知道这事了，就逗我：让小毛驴跑得好，还得让小毛驴不吃草。我说不怪那家人。叔叔就笑。后来还真遇到了家庭条件不错，算账上却找便宜的人家，我的态度是，干脆不打不闹，随你便，爱给多少给多少，宝坻人就得拿出吃亏是福的肚量。

1958年，大炼钢铁，我跟家里人商量是进厂子还是进理发店。结果一致同意我进工厂，我选了天津造纸机械厂。1961年下放到天津的一个街道，继续理发，其间带出两个徒弟，那会儿我才23岁。

品节

品节，体现在宝坻剃头匠身上，就是一身正气，不入浊流，由此可见，剃头行业的高贵之处。他们没有因为自己是耍手艺的，就把自己的目标定位为吃饱饭、有钱赚。不义之财，他们不取；淫威之流，他们不惧；卖国之事，他们不做。他们懂得高风亮节，面对种种诱惑，擦亮眼睛，明辨是非，坚定了做人的原则。

"小快刀"耍大官

王庆槐,1932 年生,牛家牌镇赵辛庄人。15 岁到天津学剃头,师从有"孙快刀"之称的孙敬丰,两个月出师,以跑街(gai)剃头为生,凭着熟练的技艺赢得津门"小快刀"的绰号,又因一身正气,戏耍了国民党大官,为宝坻剃头匠扬眉吐气。

采访时间:2015 年 6 月 18 日

我 15 岁时,由于家里发大水,没钱挣,没饭吃,跑到天津的永安道跟哥哥学剃头。哥哥在当地的剃头手艺那是老鼻子了,那里的剃头师傅都服他。由于哥哥的活计太多,没空亲自教我,我的师傅是他的"连襟"(指女婿之间的互称),叫孙敬丰,和我同村。由于这层关系,师傅成天叫上五六个师傅掐把着我学剃头,学了两个月我就出师了,这要放别人身上至少三年。

那时,我知不道天高地厚,在出师的第二天就夹着包在当时的田运庄天河市场大摇大摆,招揽生意。那地方剃头的非常密

我没给那个狗东西留面子

集，宝坻人更多，我们见面互相道一声"来了，有事招呼一声"，然后就各忙各的。像我这个年纪的没有。当时有一个宝坻老乡，家住柴家铺，岁数挺大了，老师傅问我：姓啥？我说：姓王。他问：哪儿人？我说：宝坻赵辛庄人。他听完就笑了：王永槐是你啥人？我说：我哥哥。老师傅过来拍了一下我的肩膀：好好干！老师傅还让给我一个顾客。我当时还不好意思，老师傅说：人不亲，刀把子亲；刀把子不亲，祖师爷亲；祖师不亲，宝坻人还亲呢！听了这话，我的劲头来了，管他三七二十一，拿出刀子就剃，真应了那句话：初生牛犊不怕虎。记得那天一共剃了仨头，挣了5毛钱。到了傍黑儿，我欢欢喜喜地回到哥哥那里。

哥哥说：跑街(gāi)去了？我说：是。有人告诉我你剃头的手艺不咋地。当时我还不服气，顶撞了哥哥两句：他们是看我比他们强生气！哥哥把我叫到里屋，指着供桌上的道士像说：跪下，给他磕头。看哥哥凶巴巴的样子，我害怕了。扑通跪下了。哥哥说：这位是咱剃头行业的祖师爷罗祖，是咱宝坻人。我给你讲讲人家这个祖师爷是咋来的。

哥哥说:有一年雍正皇帝头上长疮,梳辫子时不好受,他怀疑是梳头太监搞的鬼,一连杀了好几个太监。当时有位姓罗的道士住在北京白云观中,他是咱宝坻人。他同情那些无辜的被杀者,便想办法制作了剃头刀、刮脸刀和梳辫子用的拢子、篦子之类的理发工具,并研究出按、捶、拿等一套理发的操作方法,教给梳头太监学用。太监用这些工具和方法给雍正皇帝剃头、梳辫子,雍正皇帝感到很舒服。问来由,太监们上奏是罗道士传授的。雍正便赐罗道士以"半朝銮驾、小执事"称号。罗道士于是成了理发匠的祖师爷。雍正封他为"淡泊守一真人"。早年理发店里供奉的祖师爷,便是这位罗道士。

当时我没听太明白,就觉得罗祖这个老道真给咱宝坻人露脸!哥哥说:服了吧!哥哥又给我讲了罗祖编的《净发须知》,我当时没记太清楚。哥哥问我:你知道我为啥给你讲这些吗?我说:知不道。哥哥说:你今儿个给祖师爷跪下了,至少也算他的半个徒弟了,以后要好好学,别骄傲,你的技术跟那些夹包的师傅比,还差得远呢。看我蒙头转向的样子,哥哥气色好看了些:不过他们今天也夸你来着,说你的姿势可太棒了,有这么好的基本功,再使点儿劲儿肯定能在理发界混出个模样。后来我才渐渐明白哥哥的用意:艺德远比技术更重要。

我师父孙敬丰的技术不在我哥哥之下。有名的"孙快刀"。他总给天津城的一些大人物剃头。其中有一个国民党大官,名字和官衔我都忘了。好家伙,那派头可大了。从来都是我师父亲自操刀,别人上不去前儿。当然别的大户人家也经常请我师傅到府上剃头。特别是给小孩剃满月头,非找他不可,有时候我师傅没空,就想让我去。可人家不干,让个毛头小子给小孩剃头,他们可不放心。宁可多等一天。但是几乎每次剃满月头，师傅都让我跟着，所以其中的一些规矩我懂得八九不离十儿。

有一次师傅回老家了，大官家的老妈子风是风火是火找上门来：跟你师傅说好的，咋给忘了呢！我回去咋向老爷交代呢？这个死老头子！我故意问她：啥事？她说：给老爷的孙子剃满月头啊！我站起来说：我替我师傅去！老妈子一愣：小伙子，这可不是闹着玩的，你只要把孩子弄哭了，就会挨骂。万一剃破点儿皮儿，就得吃枪子儿。不但你吃，我也得跟着倒霉，不行不行。我心里也扑通扑通的，可一想到师傅回来大官也会怪他，我就又撑起胆子：你放心，我肯定能办好。老妈子说：我不信你。我说：那你就等我师傅回来吧，没十天半拉月他回不来。老妈子一拍大腿：我豁出去了，拿上家什跟我走。

一进大院，那个气派，简直看得我眼花缭乱。以前来时，师傅都不准我东张西望。现在开了眼了。满院张灯结彩，高朋满座。今天还请了戏班子，锣鼓家什敲打得欢天喜地，演员们都卖力地唱着。老妈子拉了我一把：别看热闹，想你自己的事。我这才回过神儿来。老妈子问我懂规矩吗？我说：懂。老妈子说：就按规矩来，千万别忘了。我说：你就瞧好吧。老妈子慌忙跑进去，站在里边的台阶上向我使眼色。于是我就学着师父的样子，高声念喜歌：

> 头打金莲紫金勾，
> 二打金莲来剃头，
> 是男抱在龙交椅，
> 是女抱在万花楼。
> 老妈子应：是男孩儿。

　　我就赶紧扯着嗓子喊：是男抱在龙交椅。恭喜恭喜！

　　老妈子迎过来，递上红包。王师傅请进！然后小声说：你可千万要注意啊！我说：你放心。

　　大官没穿军装，一身便服，不像我想的那么凶。大官问我：多大了。我说：十六了。大官说：妈的，你个小毛孩子能行吗？老妈子忙说：他是孙师傅的徒弟，做活可好了。大官考我：你给我说说满月头都有嘛样式？我说：桃子头，小平头，阿福头，小脑袋后面留个小辫子这叫平安幸福头。大官说：好小子，嘴皮子挺利落。再给我说几句这头咋剃法？我拉开架式，露出扎实的基本功：右手持刀，左手把头，先剃前额，后剃脑勺。大官说：行了行了，我信得过你。

　　那天也该我走运，正赶上小孩睡着了，没咋费劲就剃好了。大官两口子还挺满意。赏了我一百块钱。那会儿剃一个头才1毛5分。我傻实在：刚才给我红包了。没想到，大官更高兴了：妈的，宝坻的剃头师傅不掉份儿！

　　过后，我把这事跟师傅一说，老头又高兴又后怕，劝我以后千万别接这活了。

　　不管咋着，这一炮打响，我也成了田运庄天河市场的一把"小快刀"。生意渐渐火了。这期间，我哥哥每天都教我背《净发须知》。我也懂得了给啥样的人剃啥样的头。

　　后来天津城里总响枪，听说要打仗了。有一天，天快黑了，大官家的老妈子连呼带喘地找到我：快给我们老老爷子剃剃头吧！他挨黑枪了，快死了。在这之前，我已经不伺候他们家了。因为听说他们不是好人，杀了不少地下党，其中还有一个宝坻护路辛庄

王庆槐一家在东北时的合影

子的。我恨透他们了，我那个老乡就是个剃头的，咋会是地下党呢？当时我一边跟在老妈子身后走，一边想用剃头的规矩捉弄一下他们。到了大官家，老爷子已经就剩一口气了。当时给死人剃头是两三刀。得由后头剃，别让那股臭气喷到你。剃死人头叫苍头。苍头不好剃，剃了苍头代表一年不顺。我赶紧假模假样拿出刀子，中间一刀，两边各一刀。大官急了：妈的，你小子这叫糊弄人！你为啥不好好剃？我说：官大人，这叫开天门了，就是老爷子已经升天了，还折腾他干啥。剃头有规矩，到这就不给剃了。大官骂骂咧咧：就你们宝坻人事多。那后边为啥不剃？我问：您留后吧？您不留后了？大官一跺脚：放你妈的屁，谁不想留后。算账的时候，我没给那个狗东西留面子，向他要了一年的工钱。没想到这小子还挺痛快，一分没少给。

这件事情过后，我就去了东北剃头。

"老坦儿"翻身

　　王晓增,1931 年生,大唐庄镇陶家庄人。14 岁到天津学剃头,师从哥哥王晓来,同年出师,担挑剃头。因年龄小受欺,被戏称为"小老坦儿",差一点被当作地下党抓去。中华人民共和国成立后,在天津利康等理发店工作。"国家让我剃头我就干剃头,不要我剃头,我就再回家,还干剃头。"他常把这句话挂在嘴边。

采访时间:2015 年 8 月 26 日

小陶庄十八家,
养活孩子没脑瓜,
拾掇拾掇一笸筐儿……

　　学徒的路上,声音被拉长、撕碎。我恨这首童谣,又有点儿舍不得,毕竟由娘肚子里就开始听啊,14 年了。

　　1945 年, 我来到天津河东区大直沽找到我的哥哥王晓来学

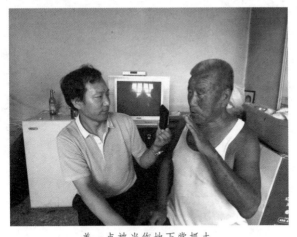

差一点被当作地下党抓去。

理发。哥哥看到我太小，不放心我在外面跑，就找老乡借钱开了一间"津沽理发店"。当时我高兴得连蹦带跳：嗨，我当老板喽！哥哥只是在一旁苦笑。

为了让我早一天出师，哥哥对我的要求非常严格。天不亮，就让我起来拾掇屋子，教我烧水做饭。开板后，让我给客人洗头，给他递手巾把儿。没过三天，我就烦了，当着客人的面冲他嚷，爸妈让我出来找你，是学剃头的，不是给你当使唤人的！哥哥冲客人们微微一笑，表示致歉。我很是得意，我打败了哥哥。

到了晚上，我早早睡在铺上。哥哥关起门，满脸凶相，一把拽起我，除了吃就是睡，你咋不好好学呢，没事练练腕子！起来！我被吓得差点儿尿裤子。就这样，每到晚上，我就跟着哥哥学手艺，用一支筷子在梳子上来回练腕子，练得腕子酸疼，稍一停下或稍有不对，哥哥对我非打即骂，我恨透他了。心想：等回家，我非告你一状不可！

就这样，我学了半年手艺。最后一个月，哥哥干脆让我拿刀子，在他的头上练，每天都给他拉几个口子。哥哥说没事，不拉口子就学不成手艺。到了下月初，哥哥认为我可以出去锻炼锻炼了。于是请来小马庄的马云阁师傅，让他领着我出去剃头。14 岁，我就跟着马云阁担着剃头挑子走街串巷去剃头。剃头挑子沉呢，压得我直掉眼泪。马云阁看着心疼，有时见我跟不上，就放下自己的挑子，回来帮我挑。我说我不用，别耽误您的活儿，说完咬着牙，继续挑。

挑到当时的新仓库地段，我真挑不动了。一看这里也热闹，干脆一边歇着一边打唤头。正这时，有一个国民党兵走到我跟前，小老坦儿，剃个头多少钱？当时我还不明白"老坦儿"是啥意思，我心里直打鼓，一下子忘了多少钱了。一看这家伙也不像好人，就壮着胆子说，3毛。嘛玩意儿，3毛够爷剃仨头了。他一屁股坐到凳子上，抻长脖子，等着。我赶忙往四处找马云阁，连个人影都没见着。没办法，硬着头皮剃吧。这一剃我傻眼了，自己个子矮，那家伙长得五大三粗，我够不着他的脑袋。没办法，我只有登着小板凳给他剃。没想到那小子给我使坏儿，趁我不注意，挪了一下身子，我扑了个空，一下栽到地上。脑门子磕个大包。我执拗地爬起来，还没来得及言声儿，国民党兵转身就给我一个大嘴巴，你这个小老坦儿想害死爷啊？我眼前冒着金花，撒腿逃进一家店铺，不敢出来。得亏马云阁及时赶到，替我说了一大堆好话，最后把活儿接过去，剃完头，那家伙连一个子儿也没给马云阁。等国民党兵走远了，马云阁才把我从店铺领出来。

我们认为事情已经过去了，没想到快到哥哥的理发店门口了，后面有警察要逮我。马云阁说，您是不是认错人了？他说，没有。刚才有一个当兵的说那小"老坦儿"是共产党的探子。马云阁说我们也不认识他，他凭啥说这话？警察急了，哪有这么丁点儿小孩就剃头的，还敢戏耍国军，肯定是共产党的探子，一般小孩他敢吗。我们当时就明白了，肯定是刚才那个坏蛋鼓捣的事。我哥哥听到外面吵闹，放下手里的活儿跑出来了。好在我哥哥总给

利康理发店全体员工合影

他们理发，跟他们都混熟了，赶忙把烟给他点上，问明情况，赶忙解释，这是我亲兄弟，才 14 岁，我们家穷啊，所以跑这儿来跟我学剃头，混口饭吃，你可千万别逮他呀。说着冲马云阁一使眼色，马云阁多机灵，从兜里掏出一沓钱递给我哥哥，我哥哥麻利地把钱塞进警察的裤兜里，您弄包茶叶喝吧！俗话说，有钱能使鬼推磨，旧社会真是这样。警察一看高兴了，算了算了，以后别惹那小子了，那小子就是他妈一条疯狗，想抓共产党升官发财想疯了。都进去吧，没事了。说完哼着小曲走了。

后来，哥哥让我回家先待儿段时间，中华人民共和国成立后我又回来了。赶上了公私合营，先后在利康等理发店工作，风吹不着，雨浇不着，我知足着呢，我也不恨我哥哥了。感谢共产党让我这个剃头的宝坻小"老坦儿"翻身了。有的伙伴去工厂了，我说我不去，国家让我剃头我就干剃头，不要我剃头，我就再回家，还干剃头。

不入还乡团

　　张凤岐,1928 年生,林亭口镇窝贝厂村人。20 岁去唐山徐各庄"华新家"澡堂子里的理发店学艺。明辨是非,拒绝同伴拉拢,坚决不入还乡团。

　　采访时间:2015 年 8 月 19 日

　　我哥儿五个,我行四。那阵儿生活困难,我们家就趁两间小屋,我们哥几个挤在土炕上,衣不遮体,半夜就被冻醒了。旧社会有扒衣服的,也叫"背死狗的"。一般都在黑夜,大套子拿着,看到有行人,上去把袋子往身上一套,背到没人的地方,把衣服扒走,然后再卖给没有衣服穿的穷人。那时候我们哥几个只要一喊冷,母亲就讲这些,意思是说有穿的未必是好事。

　　我 20 岁,去唐山徐各庄"华新泉"澡堂子里的理发部,是我表兄张秀庄的郝玉春介绍的。我师傅是八门城的杨景兴,还有一个是王家铺的,叫张兰。我白天在澡堂子帮忙,打下手;晚上,学理发。其间，有个大钟庄镇康庄子的，叫张斌，他是澡堂子的照座（专门照顾某位客人的服务员）。阴历十月的一天，天气很冷。有一个国民党军官，把衣服一脱，张斌顺手接过来，由兜里掉出一个枪子，他看着新鲜，顺手给扔进炉子里了。正赶上国民党军官上来让师傅给搓澡，就听"啪"的一声响了。崩到国民党军官的胸口上了，哗的就流血了，人当时就躺那儿了，大伙七手八脚把他送医院了。转天，过来不少国民党兵，见人就打，连工人带顾客，从楼下打到楼上，一会澡堂子里的几十号人全跑光了。后来听说军官在唐山开滦医院把伤治好了。老板花钱了事，扔子弹的张斌也回来了，被老板臭骂一顿。我们这些剃头的挨国民党打是经常的事。他们可不讲理了，弄疼了就骂，骂完就打。

晚上一落幌，我们年龄相仿的师兄弟搭伴出去买点儿东西吃，经常碰见特务们。见到我们把眼珠子一瞪，干啥的？回去！别瞎跑！我们也怕给掌柜的惹祸，赶紧回去。

唐山韩城宋其泽是国民党还乡团的头儿（那时有自卫队和还乡团），离我们的店18里地，经常到我们那儿来，一到韩城大集，只要他们怀疑的人就当场砍死，非常残忍。他手底下有三十来号人。还有一个在河头，叫李有恒，是河头还乡团团长。还有一个是县里宪兵队的大队长叫孙涛。这几个坏蛋经常来我们这里洗澡、剃头。西走线窝的高兴方在这里干活，他的本村老乡叫王永庆，可能是汉奸。和"老抢儿"（土匪）认识。王永庆劝我和高兴方，别干这个，没啥出息，咱们干点别的，参加还乡团，吃香的喝辣的。我不去，我在1947年给八路军当过通信兵，谁好谁坏心里有数。高兴方想去，我劝他，你别去，得不到好。他不听，结果在丰南县（今河北省唐山市丰南区）打仗时，让八路军给打伤了，保住了小命。在开滦医院治的。听说后来中华人民共和国成立,他蒙混过关,在芦台农场谋个职位,最后一调查,他有"污点",被开除了,又被遣送回家了。

之后,我去了东北沈阳,我俩哥哥在沈阳。张凤林、张凤祥,还有小单庄单会,他们在沈阳皇姑区开"会林轩理发店"。

我遇见的新鲜事可多了。

那年头,学徒学到一半就干活儿,我们庄有个人叫刘济汉,过年了,他去城里"抢年茶"(趁着过年抢生意),他哪能剃好头啊?有一个老爷子把他叫进去了,等到把头洗完了,他来句:哎呀,刀子落在刚才那户了,我先取刀子去。实际上是心虚了,怕剃不下来。好家伙,一去就不回来了。最后我们村的张甫正打唤头路过,老爷子把他叫进去了。老爷子说,那个手艺人呢,我等不起了,把我脑瓜子洗个精湿,我等半天了,他也不回来了,你给我剃了吧!

还有一个姓孟的,是宝坻黄土坎的,也是半拉手。给一个卖烧饼的山东老板剃头,把脑瓜顶剃一小块,咋也不会剃了。最后老板说,有你这样剃头的吗?就剃烧饼那么大一块就算完了?这会儿,我们村的张鹤年偏巧路过这里,一看围这么多人看热闹,听到里面吵吵闹闹,挤进去一看,是小孟。最后他给解围了。

还有一个我们村的叫张润,"抢年茶"时,把一个老爷子剃得够呛。临走时老爷子说他,你给我剃的是啥头啊?乱七八糟的,全是口子,疼得我够呛。最后也没给钱。后来他下功夫了,手艺有长进,又溜达老爷子那儿去了,老爷子也没认出来,又叫进去了。这回剃得挺好,老爷子挺高兴,嗨!这头剃得舒服、好看!上回那个手艺人,把我整得够呛。

那会儿沈阳人时兴光头、平头和分头,分头分偏分和中分。

我们村的单绍德给人家剃分头，因为顾客头发长，结果推子一拱，拱高了，没按住，推子起来了，把头发掏个大窟窿（由中间推进去了），结果头型推不出来了。没辙了，他把我们村的赵祥找来了。赵祥说，这让我咋弄啊？你给掏个大"玃狼子窝"，跟人家说说好话吧。末了，给人家剪了个平头。

我们村的果祥，那会儿在东北租房子剃头，有一天，正给对面家的小伙子剃头呢，正剃到后脖梗子这地方，结果那家的小孩往里一跑，用胳膊一撞，当时就拉了仁大口子。果祥老实厚道，说说好话过去了。

我剃头比他们多挣钱，我是"散游"（夹包剃头）。去铁西、南站……最后在皇姑区寿泉街九个胡同，我占了六个胡同的活儿，起码得有七八千人。我揽这么多的主头活儿没走关系，就是人们看上我这个人傻呵呵，挺实在，手艺不错。那会儿一个光头2毛钱，分头2毛5分。我们家三辈人剃头，我爸爸对我说过这话：咱们没啥能耐，穷，开不起买卖，咱就得剃头，一天剃一个，能买一斤高粱米，有两口四口人就能活。我父亲叫张忠，现在要活着得有120岁了。他在天津、北京都干过。我大舅在北京算卦。我父亲一看，算一卦顶上剃仁头，干脆学算卦算了。结果学了，干了两年多"黄鸟儿抽帖"，我父亲认识到这是蒙人啊！过去有个当官的，趁钱。让我爸爸蒙着了，给现大洋8块钱，我大舅还嫌少。最后这个官非叫我爸爸在北京可不啥地方当统领，我爸爸心话：我们门口不干这事。我爸爸吓得跑到"口外"去了。猫一年，连信都不敢回一封。在唐山大地震的时候，我发现了那个官给我爸爸写的大字，还给我爸爸起了号：张子厚（具体内容记不清了）。我爸回家后，就种地了。我爷爷我没见过，听说他在中华民国的时候在天津剃头。

我回家后，一边义务剃头，一边练习书法，字不好，可今天也得献献丑，关键是书写心里话。

理发幌子，朝阳取耳。手艺在身，以诚待人。老实常在，代代相传。——剃头匠说

"信解天"

苏永发,1927年生,林亭口镇苏庄子人。15岁到南开区东门里"同义理发店"学徒。18岁那年,国民党部队抓壮丁,跑到南市"兴华池"避难,其间找到一位管户籍的警察帮忙,改名信解天,逃过一劫。名字的意思是:坚信天津能够解放。

采访时间:2015年9月8日

我十五岁到南开区东门里『同义理发店』学徒

1942年，我15岁，去天津南开区东门里"同义理发店"学剃头。介绍人是宝坻王庄子曾密。那里有十来个人。掌柜的是王庄子曾广才，师傅有王庄子曾广明，黄庄的曲师傅。6个师兄弟：大侯庄李明，八里庄杨香太、曾广春，苏庄子苏文芮，何仇的何玉强……开始练腕子，练了一年多，然后学刮脸、剃光头……白天干活，晚上搭地铺。在出师之前，有人介绍我去了南开区"中心池"澡堂子跟武清人李树林学艺，结果让资本家（那时老板们都叫资本家）的狗咬伤了。他不但不给我治伤，还不要我了。

事情是这样：我们在三楼饭厅吃饭，掌柜的王会中的狗正在桌子底下卧着。我哪儿知道啊，我一伸脚，正踩

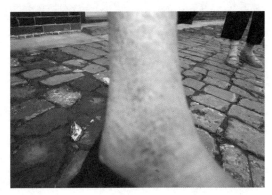

伤疤

在狗身上，狗当一下叼住了我的腿。我又挣扎，它又使劲咬，咬下一块肉。当时我的腿上就露出一个大窟窿，没过几天就烂得不成样了，掌柜的也不给治。没办法，家走养着吧。等我养好伤，再回中心池，人家不要我了。

那时中心池一百多号人，两个理发部，上下楼。剃头的师傅六七个，徒弟都是宝坻的。底下是茶房。宝坻人也不少。日本人和汉奸总去，三不管的流氓头子刘广海也经常去。那家伙大方脸，师傅给他剃头时看到后背有多处刀疤。他和袁文会是死对

头,在天津,他斗不过袁文会,最后去了上海滩。

他不欺负我们,因为我们这些人在他眼里就是虾兵蟹将和小鱼,行话说,不够刀。但是想在他的地盘上做买卖,比方说在马路上摆摊,就得通过他。

中心池掌柜的王会中是张庄子人,抽大烟袋,五十多岁。看你站的不是地方,把烧红的烟袋锅子冷不丁往你脖子上一撂,滋拉一下,你还别哭别闹。当时,中心池有六七个股东,他们轮流管理。其他股东还有刘士云、张福田、李荣……他们是由哈尔滨九江泉搬过来的,靠山是严加齐。严加齐先前就是在九江泉门口站岗的,不知怎么后来到天津当了伪军的一个大官,中心池这拨人凭着和他的关系,也跟来了。

他们一人一个手段。比如在李荣管理时,那会儿服务员叫茶房儿,他隔几天就辞掉四五个,就得“焗锅”吧,谁要是想再回来,每人交他手里两块现大洋。

又过了两年半,我就出去耍手艺去了。给日本子剃过头,好像他们不敢惹剃头的。听说他们进东北以后,出现过被剃头匠杀死的事情,所以在各路口检查时,一问,你什么的干活?只要剃头匠一回答我的“三八”是的(剃头的),他就让开路,这就放行。直到现在我也弄不清这是咋回事。

后来国民党抓壮丁,我正好18岁。年龄在18至23岁的男子,有的吓得跑老家去了,我没跑。有一个姓李的人,当时是户籍警察,我总给他理发,混熟了。我找到他,李先生,您能帮我吗?正这个年龄,跑不了了。他说,我给你再办个居住证吧。他把我的年龄改成17岁,那时我也小,长得又跟小孩一样。他说你姥姥家姓啥?我说姓信。于是他就给我取个新名字:信解天。就这样我被他救了。有一次他找我，你替我送封信吧。我没多想，送去了。再以后，他就问我，有啥志向或要求没有？我说有啥要求啊，我还得感谢你呢，李先生。由于当时我也没有那么高的觉悟，以后他就不联系我了。后来我才明白点儿，信解天是不是坚信天津解放的意思啊？这样一想，我还有点儿小自豪，天津解放还有我的功劳呢。我替地下党送过信呀！

1956 年公私合营，我被调到滨江道"万寿山理发部"，那是家大理发店，三四十人，上海和宁波人多。我当了副经理，主要组织行业比武，起早贪晚搞工作。一年后，理发部被评为河北省理发业的先进单位（标杆）。1959 年，我个人被评为先进工作者。我 60 岁入党。有一次见到了毛主席。那是 1958 年 8 月 15 日，毛主席在天津劝业场"正阳春"鸭子楼吃饭，那会儿是黄火青陪着，他是天津市委书记。我和许多人都知道了，我们在下面高呼：毛主席万岁！毛主席先后三次出来向我们招手问候，那顿饭都没吃好。

后来我回家支农，改革开放后，自己开过理发店。

老字号

　　顾广明,1931 年生,林亭口镇顾庄子人。15 岁去天津著名
的老字号"南京理发店"学徒,一干就是 15 年。他为自己是"南
京"一员感到骄傲和自豪,那些记忆值得我们去回味。

　　采访时间:2015 年 9 月 6 日

　　在采访中,已经八十多岁的顾广明记忆几乎全失,连名字都
想不起来了。至于早年所从事的剃头行业,还是在老伴的几番提
示下,想起自己曾经在天津南京理发店学徒,一干就是 15 年。谈
到此处,老师傅脸上带出得意的表情,看得出他为自己曾是"南
京"的一员感到骄傲和自豪。

　　至于他在"南京"这 15 年,挨过国民党兵的耳光印象最深。

　　那是在天津即将解放的时候。有一天,一个国民党兵匆匆来
到理发店,"小顾子,给老子剃个头。"由于是熟客,我也没防备,
像往常一样,该说说该笑笑。花插儿,陪他逗逗乐子。可是今天,

他有点儿反常。
我说 10 句，他
才以哼、哦应付
我。我也生气
了，没经过他同
意，就给他剃了
个光头。要咋说
这家伙反常呢，
这要搁往常，他
早该提意见了，

在努力回忆

啥这儿不行，那边再剃短点儿。我就给他细心地找。有时还逗他，
剃这好看，想找个媳妇啊？他就顺着我的话茬，是啊，小顾子眼馋
了吧？我说是嘴馋了，盼着喝你的喜酒呢。随后他说，哪个姑娘肯
跟着我呀，一个臭当兵的，指不定哪天挨共产党的枪子呢。我赶
忙劝他，你干脆就跑到那边不就得了，省得落个汉奸的名声。他
说，老弟，老子咋不想啊，可是我这边跟外人没能耐，跟自己人本
事可大了，说你惑乱军心，枪毙！

瞧，聊得多好啊！今儿个，这家伙吃错药了。下意识地摸了摸
脑袋，噌地从椅子上蹿下来，扬手就给了我一个大耳光，谁让你
把老子的头发剃光了？打得我眼冒金星，火也上来了，举起剃头
刀子就想宰了杂种操的。没想到，这家伙把脖子一伸，把老子脑
袋切下来吧，去共产党那里领赏，一辈子都不用剃头了。我说你
说的是人话吗？他把我叫到后院，趴在我肩膀上就哭了。原来上
边让他明天去前线打仗，现在解放军气势如虹，去了恐怕来不及
放上一枪，就得见阎王爷去。我说你悄悄投降吧！他说现在盯得

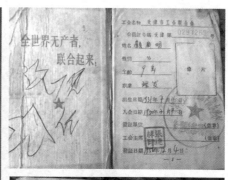

中华人民共和国工会会员证

紧呢。行了,凭天由命吧,刚才对不起了,好了,老子打仗去了。后来他一直没有再来。

我早就原谅他了。

至于其他的我实在想不起来了。如果能知道一些南京理发店现在的情况就好了。如今的南京理发店应该是七十多年的老字号了。我在那儿入的工会,那里就像我的家。

整理者按:出于对老师傅的那份怀旧之情的感动,我用手机上网查到一条资料:

天津的南京理发店在20世纪30年代规模及设备不仅在津门,就算是在华北地区也算是首屈一指的。当时也是达官富贾、阔太太、大小姐、各界名媛经常光顾的地方,租界地的外国人,尤其是法国人更是这里的常客。当时,就连大军阀曹锟、孙传芳也光顾该店。孙传芳来店里做头的时候还常带有保镖同行,或者有的时候把师傅叫到府上上门服务。张学良和他的家人也是这里的常客。当年参加清室逼宫的鹿钟麟先生,1949年后还经常到南京理发店来做头呢。

天津市南京理发店建于1943年8月,位于和平路南段的劝业场繁华地区。当时一位叫做冯长桃的理发师,把这里租了下来,开设了当时的长乐理发店,虽然面积只有50平方米,单做男活,但生意却很是不错。

后来,冯长桃又请来了一些技术高超、有名气的理发师投资入股,并把经营面积扩大到两倍,同时增加了设备,由单一的男部发展为男、女两部,成为当时天津最大的理发店。因为股东大多是南方人,字号后来就改为了"南京理发店"并沿用至今。

……

扒土堆儿

王殿选,1937 年出生,黄庄镇长汀村人。14 岁去北京朝阳区幸福屯的一个小剃头棚学剃头。在铁路宿舍遇见一名老八路,听他讲述骗过国民党兵的故事。

采访时间:2015 年 9 月 14 日

我 14 岁去的北京朝阳区幸福屯,当时已经是解放了。我学徒的地方不是什么正规的理发馆,就是我表兄孟昭兰支的小剃头棚。他是黄庄北辛码头的人。在那里刚开始没有学,因为我个子太矮,我表兄就让我在附近捡破烂。捡了两年。16 岁时才学剃头,学了一年,17 岁就夹包出去剃头了。当时个子很矮,凑合着给人刮脸、剃头。夹包的时候有四个人跟着我,表兄、北辛码头的孟宪友、南新码头的张庆勋,还有孟广印也是北辛码头的。他们每人跟我一天,一共跟了四天,四天里没有出现什么事故,也没有用他们来援场。过了这四天,我就开始单独出去了。我跑过花市,

我表兄就让我在附近捡破烂

跑过北营房,跑过南岗子。这些地方都在市区里头。我还跑过铁路宿舍,跑过建筑业宿舍。每天到处跑,也没交下几个老主顾。

要说老主顾,倒有一个,他的故事我还记得呢!有一次,我打着唤头慢慢地溜达。有一个住平房的老爷子把我喊住了,给他剃完头,他说在理发馆里剃头不习惯,叫我到时候就来他家给他剃头,每半个月来一回,我答应了。在给他剃头的时候,我们就聊天。他问我是哪儿的人、多大岁数。当得知我是宝坻人,他挺高兴。他说咱俩还算老乡呢!原来他是武清人。由不大儿就参军了,参加的林彪的部队。他在连队当通讯员,经常传送密信,有一次,差点儿让国民党兵给抓了。

他说,那时我兜里装着密信,路过老家四蒲棒,走在再熟悉不过的柳堤上面,心里别提多高兴了。我爸妈要是看到我该有多高兴啊!那会儿我们家乡全是水,有水就有鱼。我姥爷在的时候,一到中午回家,看到姥姥为菜发愁,就笑着说,现成的。说完就叫上我,来到柳堤上,先不忙,掏出大烟袋,我赶紧给他点着烟,他猛抽一口，一张嘴，整张脸就被裹在烟雾中了。我趁他不注意，叼住烟袋嘴，学他猛抽一口，结果呛得我直流眼泪。等抽完这袋烟，把烟袋别在腰间，出溜儿一下，溜进水里，左一扭右一扭，两个胳膊向空中一伸，好家伙，一手攥一条大鲤鱼。中午的菜就这样轻而易举地解决了。

正这会儿，在我的头面来了一伙国民党兵。我心话这下坏了，光顾着做美梦了，把送信的事儿忘了。这晚儿，也不能跑了，更不能躲起来。我仔细一看，凭经验，我觉得这伙家伙咋跟逃兵似的，衣服不整，而且还有好几个拄拐的，我心话这算行了。于是我蹲在地上，用手扒出一个土堆，一边扒一边唱：扒扒，扒土堆儿，扒个土堆插上穗儿……顺手折下一截苇穗插在土堆上面，其实在这期间，我早把密信埋在土堆里了。

我就觉得耳边有脚步声，我用余光看见这帮家伙正从我的身边通过。就在我心里洋洋得意的时候，突然一个国民党兵停下来，小孩儿，你这变的是哪门子戏法？把土堆刨开了，让我看看。说着，那家伙就薅我脖领子。我吓坏了，这咋办。没想到这一害怕，憋出尿来了，我站起来就往土堆上浇。嘿嘿，这小子真怵，一看就不像共产党。领头的那个喊，快他妈走吧！小心待会让八路崩喽！

等他们走光了，我才蹲下身子刨开土堆，取出密信。信一点儿事没有，因为我土埋得厚。

怒打袁文会

李树凤,1924 年生,林亭口镇东凤窝村人。16 岁在哈尔滨道里"新月理发馆"学徒,后到"中心池"理发。曾目睹老板怒打大汉奸袁文会。

采访时间:2015 年 9 月 6 日

从明朝到民国,老家总是发大水,汪洋一片,得有一百五十多次。

我 14 岁那年,在村里开了证明,坐船到天津再坐火车去哈尔滨找我二哥李树生。那时候是伪满洲国,二哥在哈尔滨亿发银行理发,我白天去附近玩耍,晚上我哥把我安排在宝坻老乡开的德仙池澡堂子住闲。那时候岁数小,就是吃喝玩乐。15 岁时,我哥把我介绍到哈尔滨道里"新月记理发馆"学徒。那会儿有十几个人,都是宝坻的。掌柜的是八门城勾庄子的,叫赵玉珍,也是我师傅。那会儿练功,主要是练腕子的灵活性,练手就是兄弟们互相

老家总是发大水

剃头。我们年龄小,经常逗着玩儿。那里有个 15 条街,啥买卖都有,非常热闹。但也不是经常出去玩,满街都是日本人。学徒很严格,学不会师傅就用刀荡子抽。我聪明,学得快,基本没怎么挨打。

三个月后,我就能干活儿了,但是不给工钱,还算学徒的。找我们剃头的一般都是买卖人、工人还有日本人。日本人不好惹,剃不好就八格牙路,掌柜的就装孙子说拜年的话。

17 岁那年,我离开东北,回到天津,那会儿是 1941 年,在天津中心池澡堂子理发馆,算是师傅了。这里离老家近,有个事情可以照顾。老板是张庄子的李龙。一共有二十来人,都是宝坻人,有剃头的、修脚的、搓澡的……

有一次,袁文会的打手们上午去了,见人就打,还把小伙计张斌推进池子里,张斌不会水,差点儿淹死。打手们说是给袁三爷开路。果真到了下午 2 点多钟,袁文会牵着条小哈巴狗来了。

到水池子旁边,放开链子,哈巴狗就跳进去洗澡。伙计们敢怒不敢言。然后袁文会就上上面剃头去了。这会儿掌柜的李龙回来了,一看小伙计们愁眉苦脸,就问咋回事。我们就如实说了。李龙迈大步就到了理发馆。是哪路好汉,让我们的小伙计给惹了？袁文会连眼皮都没抬,没人惹,是他们不懂事。他们再不懂事,总比狗懂事吧。这下子袁文会不干了,起来就和掌柜的对骂。最后袁文会耍光棍,把大秃脑袋一伸,有本事开了三爷,李龙抄起蘸水用的茶缸子啪地就是一下,开了一条大口子。袁文会急了,上去就攥住掌柜的手,那家伙可能会武术,李龙挣蹦不开了。修脚的王二虎上来搂住袁文会,三爷,开个玩笑就得了。李龙趁这机会,又朝他的脑袋开了一下。服务员赶紧拿毛巾给他缠上。袁文会气冲冲走了。消息走漏得还真快,澡堂子门口已经聚集了很多妓女,见到他的狼狈相,一个个幸灾乐祸,呦——三爷每次来都是让我们见红,我们还是头一次见到三爷见红的样子。

后来,袁文会又找了一帮打手,就在掌柜的没辙的时候,一个来洗澡的日本兵把他们轰走了。日本兵冲老板一伸手,用生硬的中国话说,好处的拿来。李龙连眼皮都没撩一下。日本子急了,就要掏枪,李龙抢在他之前,抻出一把剃头刀子,日本兵蔫蔫走了。是啥原因,不得而知。

可见那时候的五子行业没人没势力不好干。所谓五子就是指伺候人的买卖:澡堂子、剃头棚子、戏园子、窑子、饭馆子。

　　情这个字,覆盖面很广。爱情、友情、亲情……组成一个人的丰富的情感世界。宝坻剃头匠在走南闯北中,经常遇到的恐怕就是情了,因为一个人远离人群,恐怕很难联系到情这个字。他们在从事剃头这个行业过程中,时时刻刻在和形形色色的人打交道,各种各样的情感也就自然而生,让他们哭,让他们笑,让他们永远记住某个地方、某个人、某件事情……

回民朋友

孟云,1936年生,周良街道樊庄子人。13岁去天津一家浴池学习理发。期间,和回民交上了朋友。

采访时间:2015年7月8日

我二十多岁去天津北大关一个澡堂子学习剃头。师傅叫刘润田,也是宝坻樊庄子人。学了三年,离开澡堂子,开始走街串巷夹包剃头。

有一年冬天,外面特别冷。我给一个做小买卖的人剃头刮脸,快完事儿的时候,我说外面太冷了,就在您屋里暖和暖和吧!正好给您多刮一刮,刮净一点儿。一下子,给人家拉了个口子,人家问我怎么办?我说没事儿,剃头的刀子不脏。说完连钱都没敢要,夹着包就走了。奇怪了,到外面一点都不冷了,吓的!结果第二天我又看到了他,他卖崩豆,我打唤头。由于离着远,他没注意到我。我赶紧藏在了一个胡同里。那时候讲究,剃头拉了口子用油泥一抹,起到消毒的作用。关键是我一害怕,忘了这个了。

有一次,我在一家回民开的拉面馆吃拉面,吃完了一摸兜口没有钱,我傻了。老板是一个有七十来岁的老头,他问我是没带钱吧?我说是,真对不起大爷。他看看我的包,小伙子是剃头的吧?我说是。正好,你帮我刮刮胡子,完事就算抵账了。我们剃头的人都知道回民的胡子最不好刮,特别是我们刚出师的轻易不接回民的活儿。可眼下没办法了,总不能让人家说咱是骗子吧!于是我硬着头皮答应了。倒也不是完全没把握,师傅教过我给回民剃头刮脸的口诀,我还记得一些。回民胡子一根线,刮时要上面压压下面搜搜。就是露出嘴唇,搜下面一小绺。不都刮,人家得拿着镜子,特别挑剔,嘴唇得抻出来,使用刀尖搜,吊着腕子。我按照这一套,还真给刮下来了。老头挺满意。以后我经常到他那里串门儿,每次去只要赶上饭口,老头都亲手给我煮一碗拉面,当然,我也经常给他刮胡子,渐渐地,彼此成了忘年交。他经常帮我揽活计。

在娘娘宫附近,给一个和尚剃头。那和尚有五十多岁,一边剃头他一边念经。阿弥陀佛、阿弥陀佛,还让小和尚把门关上了,我就开始害怕了。他一个劲地念佛,我越来越害怕。听不懂他说的是啥。我心话儿,下回再叫我也不去了。

当然,不能光指望我的回民朋友,我自己还得拼命找活儿。有一次在河东,我碰见一个要咽气的老人,剃的时候给他前面剃了几刀就完事了,后面没怎么剃,我就问他们,留后吧。他们就说留后,后面就不用剃了。剃这种头必须多要钱,特别是那种在炕上躺着,就剩喘气的人。剃完,这把刀子就要扔了,其实当时谁也不舍得扔,就是重新再洗刷一下,继续用。

　　我也做女活,主要是打鬓角,刮眼眉,一般到了大年三十晚
上,妇女们就开始描描眉,三十那天都涨价了。其实小年一过就
涨价了,只不过少一点儿,这个俗称叫抢年炮儿,主要是给夹包、
担挑的剃头人准备的。一到抢年炮儿,活儿就糙了,这是自古传

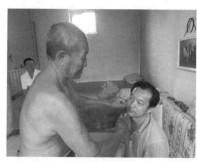

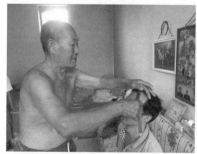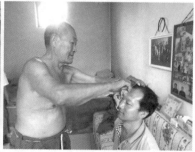

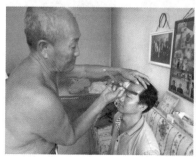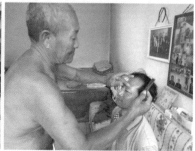

一组剃头刮脸的技艺展示

下来的。遇到不满意的,就给人家解释,您就将就一下吧,我们辛苦一年了,过完年再给您好好剃剃。

有时忙完了,大伙儿也在一起吃顿饭,喝酒都用小杯。当时几个师傅合租一间房,简易的棚子。白天出去夹包,晚上就住在这里。有几个跑北京长辛店,也有跑小白楼的。初一初二都该回家了,我到官银号坐车,坐到大口屯,到黄庄得再坐一段船才能到家。但是每次临走,我都要去回民朋友那儿待一会儿,咱不能忘了人家的好处。

1962 年,我回老家,在生产队当队长。一直到分队没有剃过头。

难舍剃刀

李玉海,1933 年生,郝各庄镇中登高台村人。20 岁跟大爷
在家学剃头,后回家流动剃头。他说,我不是图那点儿工钱,放下
剃刀,老哥们儿弟兄通过理发建立起来的感情就没了。

采访时间:2015 年 1 月 17 日

1954 年,因为在家里没有什么工作,就想出去学剃头。我家
里有一个大爷以前开过理发馆,他知道我的想法后,就说我教你
不是现成的吗?跟大爷还有啥不好意思的嘛!我说我求之不得
呢。于是我在我大爷家里学习剃头。别看是大爷,平时疼我爱我,
学艺上,老爷子可真不留情。特别是练腕子的时候,稍有发紧,就
拿竹坯了打我的腕了,一边打还一边说,你的腕子是木头做的
呀。把我腕子都打肿了。俗话说,严师出高徒,一个多月,我的腕
子相当灵活,使用剃刀随心所欲。后来我大爷给我找来许多老
头,都是我们村里的,让我拿他们练手,效果果然不错。一天,我

兢
兢
业
业

大爷把我叫到他家，我给他打了一壶白酒，炸了一盘花生仁，我不会喝酒，就看着他喝。喝了几盅酒，我大爷说孩子，学得不错，起码能出开摊了，明天就拿上我的这套工具出去闯闯吧！我高兴极了。

我先到北京的夏庄去理发，算是流动理发，也就是夹包剃头。时间长了，有很多固定的客户，每天走街串巷，跟很多客户都很熟悉，很多老年人都是我去给理发。有一次，我正打唤头，头顶上有人喊我，老哥，上三楼来一趟，给我剃剃头。我上去了，喊我的是一位和我年龄相仿的人。我们一攀谈，敢情还是老乡呢！他也是宝坻老家，但是在北京出生的。他问我家里过得咋样？我说穷啊。他说没关系，现在谁的日子也不好过，等过一阵子，生活肯定会好起来的。这理儿我明白。在北京干了一段时间，我就回老家了，继续夹包剃头。

田邢庄子、孙庄子、张岗铺、牛家牌、西老鸦口……转遍了整

个宝坻农村，一直干到七十多岁。在我生日那天，儿女们一看我
都这么大岁数了，就劝我别干了。我家里有两个儿子和三个姑
娘，还有老伴儿和孙子，其实我可以在家享清福的。但是我执意
不肯放弃理发，我不是图的那点儿工钱，放下剃刀，老哥们儿弟
兄通过理发建立起来的感情就没了。特别是现在这几年，我的客
人就剩二十几个人了，以前有七八十人，他们都死了，有比我岁
数大的，也有不如我岁数大的。可是那些活着的，还等着我去给
他们剃头呢。我这冷不丁不给人家剃了，不合适。

就在前不久，我去给一个大口屯镇上的老伙伴剃头，因为我
们也不通电话，估摸着到日子了，我就骑车子自己来。刚到他家
门口，看见他家的人都穿着孝袍子，我心话，人肯定没了。我掉头
就想回去。他家的闺女喊住了我，让我进屋里待一会儿，她求我，
您给我爸剃十来年头了，您就再给他剃一回吧！让他干干净净利
利索索地走，我多给您钱。我说谢谢啦，这不是钱的事，这是感

背影

情。我来到那位老伙计跟前,鞠了仁躬,他在我眼里就跟睡着了似的。我一边想着心事一边慢慢地帮他剃完头。

（李玉梅老师傅擦了擦眼泪）我接下来准备去周良小区,那儿有一个残疾人,给他剃了很多年了。他对我说:"您可千万别不干了,您不干了,就没人给我剃头了。"

好心眼儿的师傅

朱长海,1935 年生,黄庄镇苑洪桥人。剃头当中,被师傅介绍到天津拖拉机厂当了一名国家正式工人,一直到退休。

采访时间:2015 年 9 月 13 日

1954 年,经姐夫张鹏介绍,我去天津"同义理发馆"学徒。店里有两个掌柜的,是哥俩。大掌柜的叫张礼,二掌柜的叫张芬,他们都是我师傅,都是张庄子人。还有一个武清县刘靳庄的,他本来是在马路上剃头的,让掌柜的叫进去的,请他当师傅,一是我掌柜的心眼好,一是店里的生意好,缺人手。

那时在理发店的旁边有一个叫天后宫的地方,也叫娘娘会。天后在古时被人们视为护航女神。天津的天后宫建于公元 1326 年,介绍天津的历史变革,陈列着各种民俗风情实物。皇会是因清乾隆皇帝下江南时曾游此会而得名。传统的演出场所在天后宫前的广场以及宫南、宫北一带。这些都是一些常来我店里剃头

剃头改变了我的命运

的老主顾告诉我的。

　　我学了二年多，出师了，就到外边夹包剃头，晚上还去掌柜的那里住。经常去南马路、滨江道、劝业场……都是繁华地带。一次去东南角的南斜街，有一家，就一个四十多岁的男人，满屋子都是戏照，他说他家里的(爱人)是唱戏的……我问你想她吗？他说怎么不想啊，一有演出，她就得出去一年半载的。我说我们剃头的也是一样，一出来(离开老家)，甚至一辈子都回不了家了。

　　1956年，公私合营了。我去师傅那里串门儿，他已经是门市部的经理了。他说你还在这里住吧，我很感激。到了晚上，我回来接着帮门市部干些活。我师傅说，你干脆就到我这里干吧。我说人家要我吗？师傅说我问问服务公司的经理。结果人家没同意，但是还可以住。到了1958年，就不让单干了。我一看也入不了合作社理发部，这咋办呢？就想回家算了。结果我师傅推荐我到天津拖拉机厂当了一名工人，一直到退休。

　　感谢我那好心眼儿的师傅。

"倔师傅"

路井世,1938 年生,郝各庄镇东郝村人。17 岁跟随表兄李
俊去内蒙古海拉尔"义和轩理发馆"学习剃头。因性格耿直,被当
地人称为"倔师傅"。

采访时间:2015 年 2 月 8 日

1955 年,我与同村的周祥一起去内蒙古呼伦贝尔海拉尔"义
和轩理发馆",跟李俊学剃头。1956 年出师后,在服务公司当师
傅。结果手艺没学太好,又去"四海轩"深造,每月 18 块钱。一块
学徒的有林亭口大辛庄的王全、李庆余、刘田珍,既是朋友又是
师弟,后调到"新新理发店"。

我为人心直口快,性格耿直,被海拉尔的顾客称为"倔师
傅"。我在"四海轩理发馆"工作的时候,曾经和一个老头儿发生
过争执。老头儿六十几岁,领着孙子,看上去,像是铁路家属。我
问,大爷您理发吗?老头儿说,不理发,我上你这里干啥?好家伙,

我为人心直口快，性格耿直

这老头儿比我还倔。这会儿，他的孙子坐上椅子，我问小孩，小家伙儿，你剃头吗？老头儿又气我，不剃头，他上你的椅子干啥？我问大爷，您哪儿人？他说，小地界儿，沈阳的。我说像你这样的人啊，也就是蹲墙根儿、溜酸皮儿的货。他说，你说话咋这难听啊？我说你再说瞧不起剃头人的话，我还有更难听的话呢！结果老头儿临走时还跟我握握手，问，师傅你是哪儿人啊？我挺起胸脯，小地界儿，宝坻的！没想到，过了一个多月，那个老头儿领着孙子又来了。当时我在里面的屋里有点事情。就听他喊：我找上回那位"倔师傅"给我们爷儿俩剃头！我心话，这又是哪位师傅得了个好绰号。不一会儿，就听到外面有人喊我，路井世，出来一下，有人非让你给剃头！我出去一看，是老头儿爷儿俩。（老头儿转头对别的师傅说）我们爷儿俩还想请这位小地界儿的宝坻师傅给剃头。我说好啊，我就喜欢给小地界儿沈阳人剃头。说完，我们忍不住都笑了。在交谈当中，我才知道老头儿的父亲就是宝坻人，后来做买卖搬到沈阳定居了。父亲死后，他就子承父业。这次是来海拉尔谈生意的。一个月之前，和一个客户谈崩了，心里有点别扭，就领着孙子散散心。遛达到我们的理发店，才发生了不愉快的事。我说，不要紧，宝坻人不计较这个。如果那天能让您心里好受一点儿，我也没算白让您说。老头儿哈哈地笑了，好嘛，他这一笑不要紧，我手上的刀子不听话了，噌地片了一溜儿小口子，血唰地就流出来了。他可能感觉到了，没事儿，拉了口子抹油泥。我一边处理伤口，一边问，大爷，您还懂这个。老懂了我，什么推子叫抹子或老疙瘩；主头活儿叫老点……一说一大溜。我问，您是行家？老头儿的孙子说话了，我爷爷是卖剃头刀子的。啊——我说您老卖弄半天不就是想让我给你张罗买卖吗？老头儿说，原来卖过刀子，早不干了，我是想送你一把刀子。老头儿站起身，从兜里拿出一把剃头刀子，这是德国双立人剃头刀，好使去了，是我卖刀时留下的，送给你吧，为小地界儿——宝坻的剃头匠露露脸！我推托半天，他急了，这可不像宝坻爷们儿了。我接过剃刀，还没等说声谢谢，老头儿领着孙子走了，回沈阳了。

看徒弟的手艺

理发店很小

以后我就用这把刀子给顾客剃头刮脸，果然好使。可惜在"文革"的时候弄丢了。刀子弄丢了，手艺还在。退休后，我把手艺传给了我的孙媳妇，现在很难找到像她这样既会剃头刮脸传统手艺，又会美容美发的年轻理发师了。

苏联人杰巴什科

　　王彬,1936 出生,林亭口镇大新庄人。18 岁去齐齐哈尔"义和轩"学徒。后到海拉尔"温德堂理发馆"。在那里结识了苏联顾客杰巴什科……

　　采访时间:2015 年 8 月 23 日

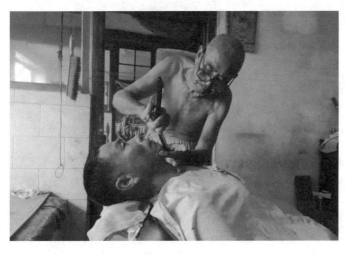

给顾客刮脸

我 15 岁到唐山学焊锡壶，随后跟堂哥王森去东北，当年 18 岁。到了齐齐哈尔永定街"义和轩理发店"，随我叔叔学艺。他们兄弟四人，老板叫王润德，还有王润横，剩下忘了。吃饭不花钱，轮班吃。当时未公私合营。学艺练手腕子，拿着筷子，端着架子，练刀功，练累了，我就躲到外面吹段箫。吹箫的技术是在唐山时学的。

当时我用过木头把儿推子，左手攥着木把，用右手的食指和中指扒拉。因为推子头大，剃光头快。我的师傅们也用它推分头，推得差不多，再用剪子剪。主要是笨重，不灵活。后有小推子，木把推子就被淘汰了。三年出师，夹过包，挑过挑，吃住还是不交钱，挣钱自己要，齐齐哈尔哪儿都去过。

后去内蒙古海拉尔，是家中叔叔王润田叫我过去的，在北斜街"文德堂理发馆"。里面有几位师傅，包括家中的一个哥哥王浦，小侯庄李庆余，唐山的谢文华……由于都是一家人，在分钱

剃头之余吹段箫

上谁也不计较。

当时总有苏联人来光顾。理发馆离苏联 200 多里地，他们在这里都有自己的学校。有一个苏联人叫杰巴什科，跟我很熟，每次都是我给他剃头刮脸。他剃头刮脸就怕疼，所以给他做活，不用刮得太光。因为是大胡子，他也不洗头，只要别疼，刮疼了就起来说：你麻线儿的没有(就是你手艺不行)。因为我语言沟通比较差，能听懂几句，但是不会回答，就用表情沟通。只能换刀子，有时候得换三把刀子。我说你这个老毛子还挺难伺候，他一听就笑了，他听得懂我的话。杰巴什科在当地开工厂。

1956 年，公私合营后，我去了高级理发店"欣欣理发馆"，海拉尔唯一的高级店，有十几人。杰巴什科就追到这店让我给他剃

印有汉文和蒙文的会员证

头刮脸。他最爱跟店里人掰手腕儿,有时让我们俩手也掰不过他。

　　有一次,他请我喝酒,道出了他的经历,特别是胡子的事情。他当过兵,在战争初期,如果有剃须刀的话,他可能会把胡子刮个干干净净。但是在战争后期,很多士兵开始留胡子,一方面是节省刀片,另一方面,很多人觉得留胡子是男子汉的象征。不过总的来说,留胡子的还是很少,多数是些老兵。军队里没有足够的有经验的理发师,因此,没有镜子的时候,都是互相帮助理发和刮胡子。这样的形象在战争时期是很流行的,这种风气贯穿整个战争年代。所以他对胡子的感情是源于战争的,但是他说,我可不愿意打仗。

还乡证明书

两口子

孩子王

张林,1928 年生,黄庄镇北辛码头村人。16 岁去北京跟叔
叔张德明学剃头。附近的小孩儿非他不剃,9 年中与孩子建立了
深厚的友谊,而建立友谊的办法是剃刀加故事。

采访时间:2015 年 9 月 14 日

每次看到孩子们哄闹着去理发店剃头,我就想起当初……

金刀先剃状元头,剃后头发青油油;二刀再剃卧蚕眉……我
现在很多年不给小孩子剃头了,下面的都记不起来了,反正只要
我这么一唱,孩子的家长就乐得眉开眼笑,有的还恭敬地送上一
个红包。

我 18 岁去北京,跟叔叔张德明学徒。去北京 9 年,主要给手
工业主和小业主剃头。特别是小孩儿,小孩儿认人儿,都等着我
剃头。头发多长,家长多凶,也得等着我剃头。有时孩子自己跑过
来叫我。一般都是 5 至 8 岁的孩子,九年中与孩子们建立了深厚

有时孩子跑过来叫我

的友谊，而建立友谊的办法是剃刀加故事。

叔叔教我剃头时不是很严厉，三个月后我就学会了。在这三个月中找家里的老人实践，给他们剃头，因为这些老人大多都是本村的人，都待在北京，我就挨个给他们剃头。开始夹包剃头的时候，叔叔跟着我，怕我干砸了，也好替我接活儿。到后来手艺比较成熟了，他就不跟着了。我每天都给北京崇店前街一带的普通老百姓剃头，大人、小孩、老人……啥年龄的人都剃。有钱人不让我剃，他们嫌掉价，他们都去有名的理发店理发。而那些普通百姓找我剃头，多数为了省钱。

时间长了，有很多的熟客找我剃头。特别是小孩们，就爱让我剃头。他们根本不懂得啥技术好坏的，他们就认人。有时候，我没去他们那片儿剃头，来了别的剃头匠，大人告诉他们，剃头的来了，赶紧出去把师傅叫进来。他们很有心眼，就竖起小耳朵听，一听不是我打唤头的声音，就不出去。嘴上还说，不是那位师傅。有的大人就问，那你等谁给你剃头？我等那位会讲故事的张林师傅，上次他刚给我讲到孙悟空三打白骨精。这些都是他们的家长告诉我的。其实没啥诀窍，就是在剃头前，先哄哄他们，用啥哄？就用故事哄，什么《水浒传》《聊斋志异》《西游记》，一讲一段一段的，这些都是我爷爷活着的时候给我讲的。小孩就爱听这些，我也爱讲这些。说实话，我也不过一个孩子。那会儿，别管遇到咋不听话的孩子，只要一给他讲故事，哪怕他是撒泼打滚，立马就老实了。所以只要我一去，他们就跑出来让我剃头、讲故事。一般这些孩子岁数都在 5 至 8 岁之间，正是听故事的年龄。有一次，我感冒了，叔叔没让我出去，让我在家休息。就听到外面有敲门声，叔叔一开门，呼啦，进来一帮小孩子，嚷着让我去他们家剃头。叔叔说，好家伙，你快成了孩子王了。

1962 年，我回家支援农业生产，从此再没摸过剃头刀子。

二十年后又相会

崔沛,1933 年生,黄庄镇黄庄人。15 岁到天津红桥区"三星
理发店"学徒。1969 年,7 队来了一位还乡青年叫方玉梅。崔沛
认出,她就是当年被自己看大的小师妹⋯⋯

采访时间:2015 年 9 月 13 日

1948 年,我只有 15 岁,经本村李希推荐,去天津红桥区"三
星理发店"学习剃头。我去之前,理发店只有四个人,都是宝坻
人。掌柜的兼师傅是黄庄的方红、方喜、方润,师兄叫马宇。

学徒很苦,除了挨骂,就是嘴巴、拳头、窝心脚。我没动摇。那
时是国民党统治下的旧社会。那时候的老百姓得办良民证,相当
于现在的身份证。一个小本,皮儿是黑的,上面有一个国民党国
徽,下面写着国民身份证。里面是我的名字和照片。

我在三星理发店学了三年零一节,因为不离店就总是徒弟
的行规,我去了东北一家理发店。遇到一个大花子,手里拿着一

白
发
苍
苍

个大骨头棒子,一头拴着一个小铜铃。干那一行人得机灵,到哪个行业数(夸唱)哪个行业,得会即兴发挥,现编词儿。话说大花子到了我们的剃头棚,就唱剃头棚。他一边摇铃铛一边唱:

> 哗铃铃,哗铃铃,
> 手中的铜铃响不停,
> 我眼看来到理发店,
> 理发店里手艺全,
> 五花拳打得对,
> 起个名字叫放睡,
> 王三姐寒窑睡,
> 她的丈夫薛平贵。

　　最后几句是指按摩舒服的感觉。我会放睡,是我师爷方连增教我的,偷偷教的,连我师傅都不知道,师爷看中我人品和灵气了。

在东北干了不多日子，应朋友之约，我去了唐山古冶镇公社的大集体理发店。一共八个人，有六个是宝坻人。自负盈亏，挣了钱交公社，公社开支。我的工资最高，每月69元，他们都是60元。干到1956年，我单干了，担挑剃头，干了六年，1962年回家。

在生产队义务剃头一年。最后队里决定，剃一个头给一分。那会儿是剃一个头画一个"一"最后成为"正"字。我的朋友王振国说，你别剃头了，有人告你写花账。我一听气就不打一处来，我说有时候剃头的人多了，我都是少记，多记的事儿我压根儿就没干过！我问谁说的？刘仪说的。我拿着账本就找大队会计去了。我说这分我不要了，就算是白受累了。会计问你这是咋着了？剃一年头了，受一年累了，不要还行？最后还是加上了。

1969年，七队来了一个女知青，叫方玉梅（那会儿叫还乡青年）。我越看她越眼熟，后来我鼓足勇气，来到她身边，你是玉梅

百感交集

妹妹吗？她当时就愣住了。我叫方玉梅，我咋不认识你呀？我说我叫崔沛，在你们家的三星理发店学过徒，当时我还看过你呢！哦——想起来了，你确实是崔沛大哥！你看了我三年。不过那时候，我父亲把你们使得也挺苦的。我说这就是剃头的规矩，在旧社会，谁也不能破坏。那你不怪他了？怪就怪那些个不合理的规矩。我师傅咋样了？老了，经常提起你们，提起老家。

那天，我和小师妹靠在稻草垛上，回忆着往事。一会儿笑一会儿哭，真像回到了我学剃头的那些岁月。

后来，方玉梅回黄庄看我，她告诉我，她在黄庄李树那儿买了两间房，收拾好了，准备领老伴一块来住，到时候也方便来串门儿。结果过了没多久，她的老伴没了，方玉梅的心愿没能实现。现在算算，方玉梅应该是 71 岁了，还乡时只有三十多岁。老了老了，从前的事情反倒牵挂得多了。

剃头结姻缘

冯素兰,女,1941 年生,婆家黄庄镇马庄子,娘家唐山古冶镇。王广发,1941 年生,黄庄镇马庄子人。16 岁时,冯素兰拜宝坻泥窝村王殿甲为师,学习理发。半年出师,就业于唐山古冶青年理发店,擅长烫头。那时候王广发在唐山钢厂上班,经常去找老乡王殿甲剃头,经王殿甲撮合,二人结为夫妻。

采访时间:2015 年 9 月 13 日

我老家是宝坻县白毛庄的。1949 年,我 8 岁,因为家里发大水,我们去了唐山古冶镇。我妈体格不好,我从 12 岁就拾柴、捡煤焦子做饭。到 16 岁了,我说妈呀,我上煤矿井下抬筐挣点儿钱。我妈说你还是剃头去吧,闺女家家的,不适合下矿井。我就问,我平时穿白球鞋你都不让,说是给你穿孝呢,你腻歪,这次咋让我去剃头呢?学剃头戴白帽子,穿白大褂,您就不嫌了?我妈说还是挣点儿钱填饱肚子要紧。

不服输的女理发师

人家得学三年，我用半年就学会了。我师傅叫王殿甲，家是泥窝村的。我学剃头的地方是古冶青年部理发店。头一个拿王殿甲他爸爸的脑袋练手。老头儿的脑袋没啥头发，剃头之前还逗我，丫头，大胆剃。我心话，本来我也没有胆小过。我给他的脑袋抹点儿肥皂沫儿，一刀子下去，拉了七个口子。老头吓得不敢言语了。当时把我也吓坏了。王殿甲说，没事，接着剃，剃剃剃。从那一次就再没拉过口子了。理发店有二十多个人，名字记不清了，都是宝坻人，有北里自沽的、泥窝的。跟我一起学徒的还有一个女的。我男女活都学，刀子推子剪子烫……师傅一看我学得又快又好，他就让我专门烫发。那会儿，烫头，用炉子烧，就像咱家那样的夹子（镊子），烧热了，把头发一煨，你别看那个，等我熟练了，是女的都找我烫发，别人不用。得掌握好火候，烧大了，脑袋该冒烟了；烧小了，不热，烫不出卷来。试火候时，把夹子放在手心上，比温水稍微热点儿，手心感觉有点儿热就行了，这个要靠

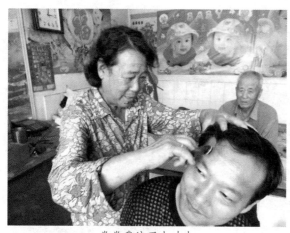

尝尝我这刀上功夫

悟性和灵性。他们出的头样子我不喜欢,不如我设计的好。当时大多数推得跟小帽盔似的,多不好看啊!把俩鬓角推去更不好看。我自己创出一个头型,当时师傅就说好,主要是因为我在别的大理发店深造过,让我长了本事。那会儿,我先给一块儿上班的王大姐烫头,王大姐的头发没烫时,就是半发。我给她烫了一个波浪式,不能烫到底,一烫到底就烫坏了,再吹吹风。师傅一看直挑大拇指。我可以根据脸型设计头型。

我一干就是十年。

(王广发插话:我是1957年8月去唐山钢厂上班。和王殿甲是老乡,总上他那儿理发。后来王殿甲有意撮合,就叫我去她那里理发。后来问我咋样,我说乐意。王殿甲也问了她的意见,后来我们俩一块出去,想挎挎胳膊她都不让。我心里没底了。结果到了她家,她妈挺乐意的。)

其实我妈在私底下这样告诉我——嫁鸡随鸡,嫁狗随狗。我恨我妈一大阵子,等我妈死了,我这心里才想她。

1961年,结完婚回老家。没正式剃过头,有人找就给白剃(免费理发)。

闪　婚

　　王俊林,1932 年生,黄庄镇马庄子人。16 岁跟本村王成举学会剃头。同年去兴隆煤矿做了一名井下修理工人,利用业余时间串宿舍给工人剃头。

　　采访时间:2015 年 9 月 13 日

说到伤心处

夕阳红景色好

我是在1958年跟本村的王成举学的。学了半个月，我们是兄弟们互相剃头，结果都拉了口子。师傅说没事，但是拉口子也得会拉。他说不剃出口子学不成。但是不能拉蚂蚱口，就是刀子一哆嗦，一溜小口的那种，而且口子不规矩，像锯齿一样那不成。必须是片状的，这才行。蚂蚱口说明手腕子功夫不过关，片状口说明已经稳了，就是力道还差些。

1958年，我去了兴隆煤矿，井下工作。一开始是修理地下的小铁道，后来开摩电车，一直到1961年。在煤矿当中，一到礼拜天就给宿舍的人剃头。挨着宿舍张罗，爱给多少钱给多少钱。那时厂部有剃头部，但是好几千人的厂子，忙不过来。那时我的工资是每天一块五毛七，剃头一天挣两块钱。在矿上三年，剃遍了整个工棚（那时宿舍就叫工棚）。结果交了一位石家庄赵县的朋友，姓赵，名字忘了。有一次他说，多咱儿跟我到石家庄去玩。我说多咱儿放假再说吧。后来越混越熟，他给我张罗对象。我给你张罗一个对象乐意吧？我说那咋不乐意呀。结果也巧了，我修铁道的时候，把脚砸伤了，歇工伤了。他说这回咱去吧，我就拖着伤脚跟他去了。到那儿一看人,我马上乐意了,心儿话就是她了。女的也乐意。我对象在石家庄正定县,她还领着我在那块儿的大佛寺转了两天。过了一个礼拜,她妈就找人把介绍信给开了,我俩回矿上就结婚了。那速度,用现代时髦的话说,简直是闪婚。婚礼那天非常热闹,矿上还炒了二十多个菜。我们班二十多个人,班长通过打报告申请到证明,打来几壶酒庆祝。那天她父亲和她妹子也过来了。感谢剃刀,让我得个好老伴。

幸　福

　　孙德然,1943 年生,黄庄镇貉子沽人。在家学艺三个月,17 岁去辽宁抚顺, 一边上学一边夹包剃头;21 岁到抚顺挖掘机制造厂装配车间, 一边上班一边剃头, 其间结识了热情好客的朝鲜族夫妇、满族母子;回家后,又与众多老人成了朋友。这就是幸福。

　　采访时间:2015 年 9 月 17 日

孙德然的家庭理发店

1958 年,我跟本村的孙庆露学习剃头。那会儿孙师傅 50 多岁,曾在唐山剃头。和我一块学剃头的还有刘彦齐、王连仲、王林、王连成等 17 个人。孙师傅不收我们学费,租房子的钱是我们这帮徒弟一起凑的。主要练腕子。推子用双手的练,即木头把推子,不好使。一把推子,17 个徒弟轮留学。也经常用葫芦练。有一个在唐山剃过头的孙庆泽,为了让我们尽快出师,把他的脑袋瓜子让我们一天剃一回。同时,同村的好几个老头,也愿意让我们练手。那会儿,我们经常给人家拉口子,可他们不怕,坚持让我们给剃。我们学了三个月,孙师傅说你们可以出师了,到外去闯荡吧,为家里挣点儿糊口的钱。

同年,我去了辽宁抚顺找我舅舅。我舅舅张春堂在一家厂子的理发部剃头。我舅舅看我岁数太小,就让我一边上高小一边学剃头。我舅舅说多学点儿知识没亏吃。可我偏不争气,在课堂上就摆弄起剃头刀子,琢磨着昨天晚上舅舅教我的技术要领。这一

我去了辽宁抚顺找我舅舅

比画,可吓坏了我的同桌,站起来就向老师报告,孙德然同学想杀人!老师当场没收了我的刀子。后来还是我舅舅向老师说了一大堆好话,才换回刀子。从这以后,每天清早起来,我舅舅都翻一遍我的书包,怕我把刀子再带进教室。

一到星期日,我做完作业,就夹包出去剃头。那地方朝鲜族人多,我的大部分顾客都是他们。那会儿鲜族人睡的都是大炕,很少走门,都是由窗户进屋。至少我碰到的那家就是这样。他们家一屋子小孩。当时剃一个头,我向他们要 2 毛钱,他们不但不还价,还管饭。招待我的是带血的狗肉,我可吃不下去。就吃米饭和炖萝卜。他们家都喝酒,而且喝高度酒,喝完就跳舞,大人孩子都跳。那人有三个媳妇。作为丈夫,从不下地干活,都是他的女人们下地,种的都是水稻,喝的是从山沟里顶来的水。有一次,男人不在家,他的女人们又为我跳舞。好像是叫《农乐舞》,像仙鹤展翅一样好看极了。可是跳着跳着,三个女人都哭了。当时把我吓得跳窗户就跑了。

以后的日子里,我没再去过他们家。等我毕业后,被分配到抚顺挖掘机制造厂,在装配车间做钳工。星期天还是出去剃头。那会儿在车间学徒每月 18 元。我在那里认了个干哥叫刘维本(满族),住在辽宁省清原县南八间乡阿尔当村,我们在装配车间一起干活。瓜菜代时,我去他家,她妈就把好东西拿出来给我吃。满族女人的发髻梳到脑瓜顶。有一次,我去他家,特意带来了理发工具。我说干妈,我给您理个发吧。干妈说满族女人不理发。这是满族妇女的风俗,即便是剪发,剪的时候要有自家人专门来剪,而且剪下来的头发不能乱扔。噢——我这才明白,原来理发还有这些说法。

1963 年,我回家务农。直到六十岁重操剃刀,开始跑散。最远是宁河,到过马连——马辛——小如——柳树湾……近处骑车子,远处开摩托。只要顾客一来电话,放下手头活儿就走。宁河柳树湾,有一家老头儿姓杨,下不来炕,我接到电话骑车子赶三十多里路去的。他说我就等你剃头,你剃头要钱少,还能和我说说话。结果这一天,我就剃了一个头,那也值!

还有宁河高庄的苏老头儿,脑血栓。我一去,就看到他和儿媳妇闹。我劝他,这个岁数了,别老跟年轻人发脾气,人家伺候得挺周到的,何况你身子骨也不好。经我这一劝,他儿媳妇说,老爷子脾气改多了。

我这里还有一个小本,记着顾客的联系方式和地址,还有剃头记录。

其实,我家里开着超市,条件不错。说心里话,开始全家都不同意我剃头。都这么大岁数了还东颠西跑的,怕出危险。有的家去了,连个年轻人都没有,我还得点火烧水,给顾客擦脸。可是周边的老人都等着我。有一次太晚了,我儿子去找我,看到我和老人们有说有笑的,他也很受感动。也许这就是幸福吧。

我和老伴儿有个约定

高增然,1937年生,大白庄镇隋家庄人。16岁去北京永定门大街理发馆学艺。出师后赴内蒙古开发市场,公私合营后回家。利用夏秋两季跑散,一干就是几十年。后因老伴偏瘫,在家务农伺候老伴。74岁重操剃刀。

采访时间:2015年9月5日

我16岁那年,去北京永定门大街理发馆跟我叔高俊奎学徒。三个月出师,在北京夹包,同年回家,因家里发大水,迫不得已又去外面求生活。

头一次去内蒙古包头,干了几个月就回来了,挣不上住店的钱。那时的包头很穷,人也闭塞。我转了几圈,也没看到一个人影。后来我觉得手里沉甸甸的,自己把自己逗乐了。我有唤头啊,夹包剃头不打唤头,谁知道来了剃头的,我真傻。于是我使劲打响了唤头。也许是这阵子我心里憋足了劲儿,一下子打猛了,唤

高增然正在磨刀子

头打走了音儿。呼啦，出来一大帮人，把我围在中间，跟我说话，由于语速太快，我根本听不懂。后来我一想，关键是我得向他们说明白我是干啥的。我说我是剃头的，你们有剃的吗？当时他们也听不懂我说的意思。我一看就别在这里磨叽了，于是打着唤头想离开，那帮人就跟着我走，跟看耍猴似的。臊得我赶紧拐进另一条胡同，把唤头往包里一装，撒丫子了。

我回到客店，一想不能白来呀。客店有一个小伙计对我挺好。他说他是宁河人，和我也算是老乡呢。他问我生意咋样，我说不行，这里人知不道我是干啥的。他说这里很少来夹包剃头的，一般都是去理发店剃头。不过这也是好事情，没人跟你竞争啊。这样，明天你再去，就去你今天的地方，我跟着你，我在这里待的时间长一些，多少懂几句这里的话。就这样，第二天，我俩出发了。到了那条胡同，我开始打唤头，当然音正了很多。出来的几乎还是那帮人。小伙计用当地话和他们交流了一通，从他们的表情上我看出似乎听明白了，就都冲我摆手。这个我明白，是不愿意把我叫家里去剃头。我冲小伙计说,你告诉他们就在胡同里剃头也行啊!小伙计没说话,拉起我的手就走,我回头看看,没人跟着我了。

回到店里,我灰心丧气。小伙计说要我看今天算是成功,最起码他们知道你干啥的了。我说那管啥用啊。管用啊!明天咱俩再去,我在那条胡同上有熟人,说起来这人老家还是你们宝坻的呢。他姓王。当时小伙计告诉我他的名字了,现在我忘了,就记住个姓儿。第二天,我们找到姓王的老乡,他有六十来岁,看到老家来人非常高兴。当知道我们的来意时,他说没问题,这个忙我帮定了。这样我教你一句顺口溜,只要你把他说好了,保证请你到家里剃头。当时他教了我一大堆,现在我也记不清了,有几句大概是:王大爷说,包头人爽快,好江湖义气。你得把他的热心肠给吊起来。于是我就按照他说的,又在那条胡同打响唤头,这次出来的人不多了。我就学着当地人的口音念:

老高老高技术高,

剃头不用剪子刀,

一根一根往下薅,

薅得老高长大包,

红包绿包大紫包,

回家去抹臭牙膏……

哎,你说怪了,管用了。有一个小小子上来就拽着我的胳膊往他家里拉……

就这样,包头市场终于打开了。

　　就在我满身心地给人家剃头时,老家来信了,说是我老伴病了,我想先回去看看老伴,再回来剃头。哪儿承想,老伴得了偏瘫,需要我照顾,我回不去了。但是心里总惦记剃头。这些日子也和当地人混熟了,觉得他们的人太好了,没处够。

　　我们老两口总聊天,老伴说等我走了,没累赘了,你咋办呢?我说等把你伺候走了,我还剃头。老伴苦笑,用那只能动弹的手拿出一个小包袱,里面装着剃头的工具。这些都是你当年的工具,我一直给你留着,想用它拴住你的心,陪我待着,所以一直告诉你早扔掉了。你不怪我吧?我说有啥怪的?老伴说你看看,里面刀子、剪子、推子……一样都不少。我说最好这辈子用不上了。老伴眼泪下来了。我七十多岁时,老伴没了。由于放不下和剃刀这份感情,又重新拾起这门手艺,只是去不了包头了。

　　每次给乡亲们剃头,我就看到老伴在冲我笑呢!

多希望老伴还在

苦难

少小离家，颠沛流离，受欺挨骂……宝坻剃头匠就是有一股忍劲儿，最终转化为韧劲儿。在那个特殊的年代，苦难总是离底层人民最近，宝坻剃头匠恰恰处在社会的最底层，因此，苦难就成了他们的家常便饭。然而最可贵的是，他们没有在苦难面前低头、屈服，仍然用手中的剃刀做着自己该做的事情，在他们心中有一个太阳，照亮他们生存下去的方向。

心 愿

石永安,1933 年生,黄庄镇小唐庄人。18 岁在天津一家小
理发馆学徒,自告奋勇,去唐山国防医院(255 医院)做理发师,
其间,亲身经历唐山大地震。

采访时间:2015 年 9 月 17 日

1951 年,我 18 岁,在天津一家小理发馆学习理发,三年出
师。我就去唐山剃头,夹过包也担过挑,主要在小山区那片儿剃
头。公私合营后,就去了唐山理发部。当时,我就听到理发部的杨
主任跟一个姓刘的师傅说,你想不想到医院去剃头? 他问哪家医
院? 他告诉刘师傅是唐山国防医院(255 医院)。他说那里正缺两
个会剃头的人,你要想去,我那里有熟人,可以介绍你去。刘师傅
说,我不想去,那是家部队医院,要是将来打仗了,我不去都不
行。杨主任说,这是打着灯笼都难找的事情。不管咋说,刘师傅都
不愿意去。我说主任我去行吗? 主任问,你就不怕打仗吗? 我说

描述唐山大地震时的情景

我在家就想当民兵连长，所以特别喜欢军营生活。杨主任说，那就让你去。

于是我就去了那家医院的理发室工作。和我一起去的还有一个是宝坻县周良庄的，他叫崔文和，比我大一岁。这家医院是部队医院，专门给部队里的人剃头，外人进不去。当时还给院领导剃过头，他叫李耀，是少校，退休时已经是上校了。我在那里干了30年。

20世纪60年代，我赶上了工转兵。转了以后，每大都穿着军装。崔文和也转了。每天就是干活，打扫卫生，干完这里干那里，剩下的时间就是理发。星期天也不出去。在这30年当中，我还在医院里的军人服务社待过，管采购，属于后勤人员。以后啥都干过。

当时的255医院是苏联人给盖的，外形像喷气式飞机，最后面有个大烟囱，俗称翘尾巴。两边是飞机翅膀，也就是各科室，后面的烟筒像飞机尾巴。我们住的宿舍在中间，就是机身的位置。没事我就站在院里欣赏这个杰作。

1976年7月28日凌晨三点多，我刚去完厕所，在床上躺着睡不着。就听到外面又打雷又下雨。然后床铺轰隆一声就塌了，我就在地上爬，根本就站不起来。那时候宿舍住了六个人，其中就有崔文和。我们住的是二楼，整个宿舍是个三层楼。楼顶是圆的，啪啦一声就掉了下来。因为楼房不是现浇的，整个打的是预制板，地震时整个楼房就塌了。

当时那板子稀里哗啦地掉了下来，我的胳膊和腿都给压在下面了。我一慌就喊地震啦。我在那里高喊救人啊——来了一帮人，现在已经记不清叫什么了，先把我刨了出来。崔师傅跑得快，一下子被压在楼板下面。我跪在那里刨他，他要是跑到走廊就砸死了。我说这里还有一个人呢，老崔都压得够呛了。谁也不敢下去救他。我说，你们拉着我的脚，我去够他。当时，还在地震，周围都在晃。我好不容易把老崔拽上来了，他住院了。我胳膊砸伤了，腿也砸伤了。我去了蓟县的269医院治伤。后来我说不住了，周围总地震，还不如回去呢。

回去一看，我的心咯噔一下。整个唐山变成了一片废墟。医院新盖的传染科也给砸平了。

震后，医院又盖了简易房。我的伤也养好了，但胳膊腿都不听使唤了，我离开医院，回到老家，从此后就再没剃过头。

有人问我后悔不，我说我能穿上军装，了了自己的心愿，哪儿有比这更快活的事情。

唤头赶狼

　　唐长明,1937 年生,大唐庄镇大唐庄人。18 岁去北京门头沟山区剃头。在夜间,用唤头的响声,吓跑群狼的围攻。
　　采访时间:2015 年 8 月 30 日

　　我 17 岁跟本村六十多岁的唐小河师傅学理发,白学,不交

娓娓道来

学费。18岁去北京门头沟山区姐姐家，他们两口子在石灰厂上班。

我在那边打工边剃头。打工就是替人家种谷子、收谷子。剃头是走山道，转山沟。那里的石灰厂、采石场很多。顾不上看风景，鞋子一年能磨破十几双。后来姐姐想个辙，她把鞋底子用胶皮绷上，鞋帮也用皮子绷上，这下结实多了。

一次，我走出40里山路，到了一个大屯子，屯子名字忘了。正赶上学生放学，得有好几十。老师把我叫住，让我给他们剃头理发。结果快到后半夜了，才剃完。屯里的老乡让我住在学校里，白天再走。我怕姐姐担心。老乡问你带洋火了吗？我说我也不会抽烟，带那玩意儿干啥。老乡又说，那就打唤头。我有点儿丈二和尚，摸不到头脑。老乡说，你知不道，我们这山沟里有狼，那家伙怕亮怕响。你遇到它们就打唤头，吓跑它们。

我顺着大河边走出二十里路，在上面走山路，下面那河水哗哗地响，我心里通通地打鼓，害怕呀。路过一片林子，里面全是坟地。这会儿有动静了。刷刷地直冒绿光。是狼！我一屁股坐在坟堆上。唤头也忘打了。看绿光数量，起码得十来个狼。不光是绿光，还有蓝光，跟小火苗似的一闪一闪的，我心想，这下坏事了，不如和老乡们买点儿洋火了。狼群一点儿一点儿向我靠近，我下意识地打了一唤头，当啷——把我自己都吓了一跳。狼群马上就后退了，一会儿又上来了，我心话儿就按老乡嘱咐的试试，不能让狼给吃了。我站起来，向狼群冲去，把唤头打得山响，特别在大山里，打一下得响几分钟，声音像长了翅膀，会转弯。一会儿，绿光就不见了。蓝火儿还有，凭我怎么打，就是不跑。我壮着胆子走过去一看，原来是几根人的骨头棒子。我撒腿就跑，半拉钟头，我跑出林子，见到了石灰厂的灯光。这才停下来，身上都让汗湿透了。

　　一年后，我去了北京，在那里住店，也没找伴。去过安定门、德胜门等地方。北京人客气，进屋先倒茶，请师傅喝水。尽有问我是哪儿人的，我说宝坻的。他们就噢，宝坻出剃头的。你看，都知道。

听父亲讲剃头的事

王瑞祥,1952 年生,黄庄镇吴辛庄人。常听父亲讲理发这碗
饭不好吃。

采访时间:2015 年 9 月 14 日

我的父亲王兆其是个剃头匠,我小的时候,常听我父亲讲理
发的事情。

父亲 16 岁时跟爷爷到东三省，亦名闯关东。在沈阳皇姑屯
租了一间小房子落脚。白天,爷爷一边担着剃头挑子一边打唤
头,招揽剃头生意。有了顾客,父亲就坐在小板凳上专心看着爷
爷怎么剃头。晚上回来,爷俩面对面坐着,啃着窝头就着咸菜,爷
爷给他讲剃头的要领。我的父亲眨眼听着。吃完饭,爷爷教他练
腕子的灵活性,他按照爷爷的指点,用筷子当剃刀,拿梳子做人
的脑袋,将一个动作重复做,动作只要稍一变形,爷爷上去就是
一脚,半个小时后,爷爷给他胳膊上放一碗水,哪怕溅出一滴水

花,就挨父亲一个大耳光,最后还要同时打响唤头,小铁碗一次次摔到地上,爷爷把他打得都尿裤子了……三个月后,父亲担着一副小剃头挑子,打着一把小唤头,跟着爷爷给人家剃头。他不恨爷爷,在当时满大街几乎都是同行的境地里,练不出过硬的手艺就等于死亡。后来爷爷死了,父亲担起爷爷的剃头挑子,把爷爷的尸骨挑回了老家宝坻。从此,宝坻城里多了一位闯过关东的剃头高手。

父亲说,剃头这碗饭不好吃,特别是给那些阔太太、娇小姐梳发时,一根头发都不能掉,否则非打即骂。养个大长辫子,不容易。还不敢看人家,特别加小心。用篦子慢慢梳,梳掉一根头发就害怕。

就我了解,那会儿生活困难,特别是黄庄洼发大水。那会儿的宝坻人在河头、天津、东北、北京基本上都有亲戚,都是叔叔大伯表兄表弟介绍去的。剃头很艰难,占个屋子就不错了。有的打唤头、有的挑挑子……

王瑞祥常听父亲讲剃头这碗饭不好吃

童 工

顾连玉,1931 年生,林亭口镇顾庄子人。14 岁去东北佳木斯富锦县(今富锦市)一家澡堂子学习理发。其间,被日本人抓去修飞机场、擦炸弹;16 岁去唐山林溪一家理发店,其间,又被日本人抓去下井挖煤。

采访时间:2015 年 9 月 6 日

我 14 岁在哈尔滨佳木斯富锦县一家澡堂子理发店学习理发,白天为掌柜的干零活,晚上练腕子,学习剃头。当时理发店里还有一个宝坻老乡,叫顾晓峰,他那会儿也只有 15 岁。那会儿日本人总来澡堂子理发洗澡。他们一来,就把中国人轰走。后来掌柜的想了一个辙,他买通日本人的一个中国翻译,哪天来之前,告诉澡堂子一声儿,好提前贴出告示,让其他客人第二天再来。这样既避免得罪日本人,又能笼络住老客户。

有一天,日本人又来了,非让我和顾晓峰给他们修飞机场。

动作稍微慢些，就挨皮鞭

掌柜的说，他俩还小呢，恐怕干不了，耽误事。一个日本头子伊利哇啦说了一通，翻译告诉掌柜的，让这俩小孩儿干轻活。结果到机场一看，抓来的几乎都是像我一样大的小孩儿。日本人让我们去擦炮弹，挖坑埋弹药。动作稍微慢些，就挨皮鞭。后来我才知道，这里离苏联不远，日本人做这些主要是防备苏联人来袭。那时候我们每天都到机场干活，收工后回澡堂子吃饭。整整干了两年多才完事。

后来我与顾晓峰开了一家理发店，勉强可以买一斤棒子面糊口。我俩的理发店挨着满洲宪兵队。日本兵非常残忍，经常看到他们抓地下党、八路军，一旦抓住，扔入狼狗池中，很难活命。总听到被狼狗撕咬的惨叫声。但他们从来不到我们的小理发店，那些当兵的中国人常来剃头，有的给钱，有的不给，也不敢要。后来我和顾晓峰一商量，干脆别在这鬼地方干了，挣不到钱不要紧，别哪天搭了性命。

　　我和顾晓峰回了老家,待了一段时间。后来我一个人去了唐山村西煤矿的一家小理发馆给人家剃头。过了一段时间,我又去邵庄的一家理发馆。掌柜的姓宋,找了两个人帮忙,赶上生意好的时候,一个月挣个三四十块钱。掌柜的天天也不做饭,买着吃,一般是馒头和咸菜。那会儿,我寻思着,能吃饱也就不错了。决定多干些年头,落下几个钱,回老家宝坻,娶妻生子过日子。

　　没想到小日本还是没放过我,把我抓到煤矿干活。那时的煤太多了, 我亲眼看到小日本把煤装到火车皮里, 黑白不闲运回国。后来听工友们说,煤多得都没地方搁了,小日本也能耐,把多出的煤都放入浅海里存着。不多日子,日本人让我们下井干活。里面又阴又暗又很危险,木杠支住窑洞,用镐车把煤运上来。经常塌方、死人,日本人就当死了几条狗似的,根本不在意。只要你稍一露出同情或不满,日本兵上去就是一枪托子,打得你直不起腰来。

不知何时再相见

也有好消息传来。当时八路军常常把日本兵和特务抓走,神不知鬼不觉的,吓得小鬼子整天提心吊胆。后来日本兵从煤窑下面转到上面,躲进炮楼里监视,到了收工的时候,站岗的日本人都不敢与工人在一块儿。就这样防备,还是屡屡有日本兵和特务失踪。听说,铲除小鬼子和特务的就是当时大名鼎鼎的节振国的队伍。

后来,我装病被放了回来。去了天津南市的一家澡堂子,专门干理发。同年,赶上了日本投降,我被派去给日本俘虏理发。在那里看到中国人待他们很好。记得,我给一个日本俘虏理发时,我还说呢,给你们土豆吃,不让你们饿着,多好啊! 那个日本俘虏哭了,好像能听懂我说的话。

上 学

　　曹洪仁,1937 年生,黄庄镇王木庄人。16 岁与大哥曹洪义
在北京西涛胡同住"锅伙儿"学剃头。出师后,大哥去北京水电设
计院做理发师。其间,上了三年夜校,毕业后,考上北京一家技
校,三年后,被北京汽车制造厂录用。

　　采访时间:2015 年 9 月 14 日

　　我 16 岁与大哥曹洪义在北京西涛胡同住"锅伙儿"学剃头。
五个人一起住,不太固定,你来我去的。高兴就一起干,不高兴就
走人。有刘百林、刘青林、王树晨……担挑、夹包的都有。两者区
别是:担挑随时随地,夹包是入户剃头。岁数比我大的都是师傅。
几个人共租一个小房,吃的是小米面窝头,比馒头还香呢。白天
师傅们出去剃头,晚上他们教我剃头。我练手就拿师傅们的脑袋
练,学一个多月就出去剃头了。

　　我开始没人跟着,慢慢走,越走越远。第一次出去剃头,人生

剃头可以看到当时老百姓的生活状态

地不熟的，心里害怕给人家拉口子。挨着北城墙的地方都是胡同，没有买卖家，都是普通老百姓。第一个顾客是一个小孩，剃的是小学生头，剃一次1毛5分。我夹包干了五年，公私合营后，我就回家了。

　　那时候家乡大水茫茫，我就捕鱼摸虾，维持一家子的生计。

　　要问我剃头的感受，我感觉剃头不能让你大富大贵，却是谋生的手段，能看到当时社会的样子。在民间，可以看到当时老百姓的生活状态和脾气秉性。比如北京人待人就非常客气，纯朴实在，和宝坻人一样，我们都经受过苦难。

　　那时候，也遇到过阔一点儿的人家，住的四合院，不过像这样的人家很少，基本也不怎么跟他们深聊。在北京，我曾经给一个三轮车夫剃过头，都是打工的，也是卖胳膊腕子的。后来他竟然想跟我学剃头，我没答应他，因为特别是我这没正式拜过师的，技术也不太好，怕耽误了人家。

　　我大哥也剃头，他叫曹洪义。由于技术好，大哥去北京水电设计院做理发师，属于行政科管理。其间，上了三年夜校。初中毕业后，考上北京一家技校，三年后，被北京汽车制造厂录用。我去不了，技术不行。那阵在北京剃头的人大多是宝坻人。各跑一片，互不侵犯。我去过北京郊区，那里东一家西一家，有上班的、种菜的、赶大车的……形形色色，各行各业，啥人都有。剃头锻炼人，却很少出息人。我大哥算是一个例外。我佩服我大哥，他总算从苦难中解脱出来了。

剃头锅伙儿

王焕文,1933 年生,黄庄镇小辛码头村人。1949 年在天津"贵记理发馆"学艺,中华人民共和国成立后在天津一家澡堂子学剃头。后加入天津南开区万德庄一个剃头锅伙儿,7 个人都是宝坻老乡,见他学艺不精,7 个师傅轮流教。18 岁去唐山大伯的剃头锅伙儿。

采访时间:2015 年 9 月 13 日

我 16 岁离开家,到天津双河窑地出窑背砖。出窑的活儿不算太累,后背上放一块木板,下面有个托,再用绳子绑在后背上,木板的大小按年龄而定。一趟码十几块砖,分量并不沉,甚至说很轻松。当时像我这个岁数的伙伴很多,大部分都是外地人。有一个山东的小伙子,姓吴,别看岁数和我仿上仿下,比我趁劲儿。有时候还帮我的忙,很快我俩就成了好朋友。活儿紧的时候,工头就找到我们,说这阵子用砖的地方多,你们小弟兄能不能一趟多背几块儿？我们异口同声说行！于是，我就背到二十块砖。就这样，我在窑地干了两年多，因为钱挣得太少，我就不干了。去了盆窑，姓吴的小伙子没有去。我在盆窑干了半年，在那里管烧瓦盆，地方就在天津西站那边。这个活儿讲究轻拿轻放。有一次，我不小心摔坏了好几个，老板想扣我的工钱，我一算，全扣掉都不够，还得倒贴，干脆别干了，我就辞了职。

干啥去呢？我就去天津澡堂子找我父亲王雨信，我父亲在那里剃头。父亲说干脆学剃头吧！那会儿，父亲那里不缺人手，他就把我介绍到一个剃头"锅伙儿"，在天津万德庄，离着南开大学不远。锅伙儿里有六七个师傅，我不在那儿住，每天回父亲租的房子住。那时候我家住西广开西寺大街，也就是天津老城西门外。从万德庄到西广开有三四里地，我每天走着去。剃头的人都是宝坻县的，黄庄、八门城人居多。这些人现在都没啦，要是活着的话，都得有一百来岁了。

那时几位师傅为了早教会我剃头，大伙齐上阵，你教一招，他教一式，不到一个月我就学会了。师傅们说，你出去做活儿吧！由于师傅们太忙，他们都靠剃头养家糊口呢，所以根本就没太多时间教我。好在我的顾客都是穷人家，也不挑寒碜、俊，剃啥样也没人挑我。我也没按照规矩要钱。那会儿，大人连剃头带刮脸一共2毛，小孩儿1毛5分，我统统要1毛钱。我常想，没本事就别按规矩做事。一年后，我换地方了。因为有的剃头师傅总挤对我，说我要钱太少，连累他们都没办法要钱了。

这次，我去的是唐山卑家店。家里侄子和大爷都在那剃头。我大爷叫王育仁，我侄子叫王富龙。他们那里不是理发馆，也是锅伙儿。去了就入伙了，在那儿和他们一起吃一起住。买面摊钱，

那里的人剃头从来不把剃头师傅叫进屋里

买菜也摊钱，房钱也摊钱。卑家店穷，我们都到外庄剃头，长期吃白薯窝头。卑家店那边都是农村，边上是个火车站，村子很小。那里的人剃头从来不把剃头师傅叫进屋里，即便是寒冬腊月，在外面洗完了头就冻冰，很不好剃。我想，只有两种原因：一个是他们那边剃头就是这风俗，不领外人进屋，剃头也在外边剃，不管多冷的天也在外边剃头，甚至小孩子也在外边剃头，再一个就是家里特别穷，比我想象的还穷，怕剃头师傅笑话。这样一来，我遭罪了，每次都找背风的地方，暖和的地方，有太阳的地方。

卑家店的周围都是山，经常有人开山。我也进山给那儿的老板们剃头，他们绝对不会在外边剃头。

心中的幸福理发店

　　刘玉峰,1935 年生,黄庄镇长汀村人。18 岁去北京一家小剃头棚学徒。夹包、担挑,风里雨里,没有落脚之地,最后跟哥哥一起在幸福村开了家儿小理发店,虽然没名字,但是哥儿俩在内心达成一种默契:有了避风挡雨的地方,它就是我们的"幸福理发店"。

　　采访时间:2015 年 9 月 14 日

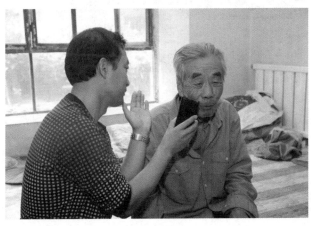

亲切交谈

1952 年,我 18 岁,去北京市崇文区(今属东城区)小剃头棚学徒。那里都是剃头棚,没有字号。我师傅叫许云龙,他们哥儿五个,他是老三。这个剃头棚是他们哥儿五个一起开的,雇的伙计都是宝坻老乡,有林亭口的李长河等人。

我学了三个月就出师了,因为都是老乡,教得比外人用心。我开始夹包剃头,哪里都去。公私合营后,我入了当地的服务社。哥哥刘玉坤不愿意入社,继续打唤头剃头,每天风里来雨里去的。我劝他入社,他说我散漫惯了,不愿意受管制。我不能让哥哥一个人在外面漂着呀,我一咬牙退了社。于是我们哥儿俩一起夹包剃头,其间,也去过"贾记""海生"等好几个理发店,都是小理发店,里面的人不多,根本挣不到钱。

最后到北京的郊区去剃头。有一天,我们正在野外走着,突然下雨了,越下越大,这荒郊野外的躲没处躲,

寻找资料

藏没处藏,把我们哥儿俩浇得和落汤鸡似的。好容易走到一处叫幸福村的小村庄,实在是走不动了,我们就在一间破碾棚里躲雨,一直到雨不下了。

我们哥儿俩出了碾棚,开始打唤头。没想到找我们剃头的人还真多,可能是村里人出于对我们的怜悯吧!后来,我和我哥一商量,干脆就在这里开个剃头店得了。我们找到村长一说,村长也挺高兴,还帮我们租到一间小房子。虽然没有招牌,但是我们哥儿俩都很知足,在我们心中就叫幸福理发店。经历太多风雨,总算有一个遮风挡雨的地方了。

我们太累了,也该歇歇了。

1962年,我们哥儿俩回到老家。在村里为乡亲们剃头理发。

然而在幸福村的这段记忆一直刻在我心中。

乐趣

爱一个行业，就会从中收获快乐。通过这个行业，爱上自己的顾客，进而把他们像家人一样看待，那乐趣更是无穷无尽的，你们有福了。乐趣不是天生就有的，相反是由痛苦转化而来的。宝坻剃头匠是人不是神，也正因为如此，他们关注的只有剃刀，只有身边的顾客。在工作当中，他们甚至突破角色，将服务延伸到剃刀以外的生活，所以他们受到了尊重，亲人般的礼遇。这难道不是一种乐趣吗？

中午的太阳

　　黄福来,1939 年生,黄庄镇南辛码头村人。17 岁在沈阳皇姑区"跃龙阁理发店"学徒。口述其父利用午休时间,给社员理发的情景。

　　采访时间:2015 年 9 月 17 日

　　我 17 岁在沈阳皇姑区"跃龙阁理发店"学徒,学了两年就回家来了。那会儿是边学边剃,给老年人剃头,熟人剃头,为的就是练手。理发店对门儿有一个老人,大连鬓胡子。他是焊匠。我用热手巾给闷了会儿,不敢剃呀,结果,让我父亲接过去了。剃头这买卖,当官儿的也遇到得了,草民也遇到得了,啥人啥打理。套用京剧《沙家浜》里唱词就是:来的都是客,全靠刀一把。

　　跃龙阁理发店是我大爷黄万龙和我父亲黄万祥俩人开的。我去的时候,店里还有我哥哥黄福庆。我哥哥从小过继给我大爷了,随后就跟着我大爷去沈阳了。我大爷是在闹日本鬼子的时候去的沈阳,我大爷回来看过我爷爷,开始搭一段马车,半道上走不动了,买了一辆车子,骑回家。探完家,又骑着车子回去的。我父亲在家就会理发,后来去沈阳和我大爷开理发店。

我回家的原因,就是那时候家里闹大水,我母亲自己在家,还有八十多岁的爷爷,我回来照顾他们,干些捕鱼摸虾的事情。特别是冬天,在生产队跟着一拨人打大网。回家后,就一直没干过剃头。但是工具还一直留着,毕竟有感情了。

我的故事也就这么多了,我再讲讲我父亲。公私合营后,我父亲就回家了。每天和几个老头伺候菜园子。同时利用午休时间,在我们村的大队部,给社员剃头理发。他有一个小本,谁剃一次头,给谁扣一分,他都记录在本上。跟花钱剃头是一回事。到年终,父亲把写得满满的本子往会计那里一交,会计对照着记录,给剃头的社员扣除工分,然后再把扣除的工分加在我父亲那本账上。那会儿有好些村子都是这种模式,这叫剃头换工分。

听着轻松,干起来可辛苦了。那时候,我父亲吃完中午饭就去剃头,剃完头,睡一小会儿觉,就去菜园子干活。赶上人多的时候,根本睡不了觉。总按着脑袋,说头疼。

当中有走后门的,央求我父亲剃完了别记账

这叫剃头换工分

了。如果遇到哪家劳动力少的,我父亲就少记一笔,这样做,明摆着自己就少挣一分。散了生产队,我父亲就义务剃头。至于我大爷,岁数大了就回家了,跟我父亲脚前脚后没的。我哥哥在 1962 年回的家,现在也不在了。

给人剃头真带劲儿

唐广林,1938 年生,大唐庄镇大唐庄人。19 岁赴沈阳苏家屯区铁路防腐厂理发部为铁路工人理发,后回村,给帆布厂工人剃头。

采访时间:2015 年 8 月 30 日

在沈阳市苏家屯区铁路防腐厂时的照片

1957 年,我 19 岁,在本村跟唐作山二叔学剃头。那会儿学徒快,一年后出师。1958 年,我去沈阳市苏家屯区铁路防腐厂厂部理发。那里的工人每天用沥青煮大木头,我跟我哥唐全林一起为铁路工人理发。理发部一共两个人。我大儿子是在东北生的。那会儿,我们三口子靠发粮票吃饭。我们是每月 28 斤粮食,虽然数量是最多的,却总不够吃的。正好,我们家来信说地里的水退去了,土地非常肥沃,种啥长啥,庄稼大丰收,特别是大高粱长得非常好。

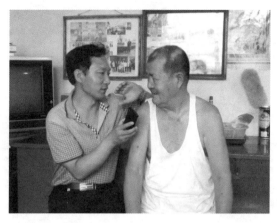

采访现场

我和家里一商量,我媳妇也同意,我们就回家了。

在大队的理发所干了 18 年,那时候和我一块的还有唐世林。每年的二月二和腊月,我和唐世林就加班加点儿,给全村近 2000 人剃头,经常剃到半夜。

1980 年,我去大唐帆布厂看门,我们两个门卫两班倒,我干七天白班,他干七天夜班。我说看门也挺悠闲的,有愿意理发的我可以给他们理发。跟厂长一念叨,厂长同意了。厂子给我置办了一套家什。于是我开始义务理发,当时全厂工人有几百人。我干得挺带劲儿。

我 65 岁那年回家养老。

掐鸟食罐儿

　　王广进,1938 年生,牛家牌镇李家牌人。从小在天津长大,
12 岁学剃头,15 岁回家乡。那时村里几乎没有一个年轻人,大队
以"掐鸟食罐儿"为理由,把我留在村里,并让我给村里人剃头,
一干就是 60 年。

　　采访时间:2015 年 7 月 19 日

　　我的老家是宝坻牛家牌镇李家牌村,可我在天津市里出生,
在天津市里长大。我 12 岁那年,对父亲说,我不想上学了。父亲
说,你刚这么大点儿,不念书干啥? 我说干啥都行,总比在学校挨
同学欺负好。我没瞎说,那时班里数我个头小,就连一个女孩子
都敢打我。正说着,我姐夫进来了。他说,不如先跟我学剃头,孩
子既然不想念了,也别勉强他了。父亲说倒也不是坏事。

　　我姐夫是牛家牌镇刘邦桥的人。听我姐说他的手艺是家传
的,他老太爷那辈儿还给清朝的哪个皇帝剃过头呢! 到他那辈手

艺大不如他的祖辈了。我姐夫在当时的天津劝业场里开理发所，来这里剃头的人并不多，主要是地方太背静儿，外边理发店多得是，谁跑这里剃头呀。我刚到姐夫的店里，他就

光头这么剃

让我干活儿，扫地，端水啥都干。我问他，你咋不教我剃头啊？他说你这么点儿小个儿，连人家脑袋都够不着，你让我咋教你啊。等过个一年半载，你也长高了，再教你。我不服气，刚想再质问他，他把地笤帚抄起来了，你再磨叽，我就揍你！我吓得不敢言声儿了。没过俩月，我姐夫干不下去了，挣的钱除了交房租，没剩几个大子儿。于是他在外边开了一家剃头店，这会儿生意好了，我姐夫也开始教我剃头了。可费老了劲了，就因为我长得个儿太矮，来客人还得站凳子上给人家剃头。那时店里就有一把小木凳子，凳子腿还不稳当，我登上去，没剃头就晃悠，一剃头，更晃悠，顾客都不敢让我剃。就这样，跟头把式地学了三年，别说，技术还算不错。特别是我15岁那年，个子窜了一截，再也不用蹬凳子给人家剃头了。

1953年，也就是在剃头行业公私合营之前，我回了趟老家。本来是想回去看看再回天津，回去一看年轻人都走光了。我刚想再回天津，结果给抓住了，原因是：大队说你是村里人，不回家，

就掐"鸟食罐儿"(口粮)。我就赶紧给父亲写信,可还没等发出去呢,大队的人找我去修密云水库,说是支援国家水利建设。我的积极性上来了,卷铺盖卷就跟去了,干了两年半。期间,乡亲们挺照顾我,没让我干太累的活儿,我也是讲理讲面的人,一看这咋办呢,我也是干活儿来的,再一想,干脆去找带工的,把我想给工友剃头的想法跟他一念叨,他同意了。于是每天收工后,我就给大伙义务剃头,整整干了两年多。

回家后,大伙就撺掇我置办家什给大伙儿剃头。我一想也好,除了剃头,我也不会其他手艺。我没开正式门脸儿,就在家里剃头。家里活儿少的时候,我就骑车子走街串巷,把整个牛牌都跑遍了。再后来,我的老伴得了病,我再也没出去剃头。

现在,年轻人很少学刀子活了,嫌脏,又怕把人伤了,更主要的是除了老头儿,基本上也没有年轻人剃头、刮胡子。我主要是刀子活。我虽然没赶上公私合营,但是我听说过:将所有剃头的人、店铺登记,就近分配或调到别的地方。老板叫资本家,也一样对待,平等。理发的也成了普通工人,拿了工资。我挺羡慕的,但我不后悔,在哪儿不是服务人民啊!

老照片,现在就剩下一张在天津中心公园照的,有我有我姐夫和师兄弟们。

义务剃头

　　刘树理，1945年生，牛家牌镇护路辛庄人。20岁那年，出于好奇和对理发的爱好，他从已故的老姨夫家拿来理发用的工具，没想到却与理发结了缘，为全村及周边村庄的小孩、大人和老人义务理发，一晃，坚持了二十余年，受到乡亲们的称赞。

　　采访时间：2015年8月15日

　　我老姨夫是张岗铺的，解放前在天津担挑剃头。后来赶上了公私合营，他就加入工会了，成为正式工人之后，他就转了行，家什也就扔家了。我20岁那年，去我老姨夫家，看到家什被闲置，觉得怪可惜的，就拿到我家，比画了几天，就开始给大伙义务剃头。结果把大伙儿剃得又疼又不像样，没人敢用我了。这下我挂不住脸了，像挂了倒劲，发誓学好技术再剃头。

　　那会儿，西护路有一个叫尹做宝的师傅打唤头剃头，总上我们庄来。我就跟着他。他给人家剃头，我就站那里看着，偷偷学几

剃头工具都在这包里

招，然后就学着他的样子重新给大伙剃头。最后越来越熟，手艺也可以了，大伙儿也满意了。我又向尹做宝请教，他说你就看着我剃就行了。后来，我把推子和剪子活也学会了。

1965 年，我 20 岁正式开始给乡亲们义务理发。不管啥时候，谁找我剃头都行。说实话，一个是那会儿的人要求不高，再一个就是我技术还可以。那会儿全村有一千多口人，几乎都让我剃过头。生产队时我挣工分，回来后就剃头。那会儿正赶上学雷锋，一宿黑夜猪圈让人起了，东家都知不道。我不起猪圈，就剃头，一直坚持四十多年。

那天家家都有推子，我们村的马长艳家里的剃头家什全，刀子推子剪子啥都有，而且还不是一把，听说是他老太爷留下的，至于为啥后人没学剃头，就知不道了，反正他趁家什。赶上我的家什不快了，就用他的。有一次我给我们村的一个快要咽气的大爷推头，用了五把推子才把头推下来。

我 65 岁那年，儿女们不想让我剃头了。劝我没事鼓捣鼓捣小菜园儿，实在闲得慌，来会儿小马掌儿（纸牌）。过了一段时间，我觉得没啥意思，还是剃头好玩。由我们村到镇上的理发店挺老远的呢，于是，大伙劝我再置套新家什（理发工具），还给大伙理发，从小孩到老人，一碰到我就劝我换家什（理发工具）。听人劝吃饱饭,干脆换套新家什(理发工具),从铧尖村到高四台再到西护路……一天到晚不闲着。

在剃头当中,有几件小事让我记忆犹新。我家盖房时,我媳妇让我找东西。到当街,有几个小孩让我剃头。我回去拿推子就在当街推开了。我媳妇急得找我去了,你真行啊,家里的大工和小工都等你把东西拿回去好干活呢,你倒好,推开头了。咋比抽烟喝酒还上瘾呢?前辈子八成是刀子、推子变的。

有一次,我到镇上买了一把新推子,到家一用不铰头发,我就找老板换。他说理发店都在我这里买推子。我说不铰头发咋办呢?你给我换一个。他说不用,说着用一把小钥匙紧了紧,您拿家用吧!我说这大老远的,干脆,我看你的头发也该推了,我就给你试试吧。他说好啊!一会推完了,他说您手艺还挺棒的。

然而最让我感动的是以前让我常剃头的老人没了不少,比如铧尖村的尹树林。对门儿张龙济93岁,这几年我一直给他剃头,临死都是我给洗的脸、剃的头。

还有杨中,八十多岁了,以前总用别人剃,等到他瘫炕上了,他儿媳妇找我给剃头。我问她,不是有人给剃吗?他说老爷子这一瘫炕上,我咋叫人家就是不来了,嫌脏。我二话没说就去了。到那儿一看,在炕上躺着够呛了。我上炕,连洗脸带剃头。她老伴说,还得是一村的人亲。我说我要怕脏我就不干理发了。如今杨中也没了。这样的故事还有很多,在感慨生命无常的同时,我想得最多的就是等我不行的时候,谁肯给我剃个头。

拴儿头

陈维,1951 年生,口东街道人。18 岁去湖北当兵,自学理发。退伍后,看到村里和附近的老年人没人愿意给理发,当即开了理发店,对那些行动不便、久卧病榻的老年人他更是上门服务,洗头、擦身、端屎端尿……二十几年如一日,老人们看到他都亲切地喊他的小名:拴儿头,拴儿头。

采访时间:2015 年 7 月 30 日

我 18 岁参军。在湖北工程兵第 52 师汽车营。每天大伙收车回来到军营时,互相剃剃头,没有师傅教我们。由于我当兵之前,家里就有一把小推子和剃头刀子,没事就拿出来给村里人剃头,好坏也没人挑。后来我们营长知道这事了,就让我给战士们剃头,时间一长,我的手艺有了长进。

回家后,我就开了理发店,专门给老年人剃头。都是年纪大,行动不便的人。特别是八九十岁的老人,脑袋瓜子全是油泥,不

采访现场

洗净了,没法下刀。陈连元老两口的儿女都在外面,照顾不到他们。我一过去给他们理发剃头,连屎我都给擦了,然后再把屎尿倒掉,再把便桶刷干净。有时候正遇上老人便秘,我亲自打开塞露,实在不行我就给他们抠。敬广瑞,94岁死的,之前腿脚不好,我就上门服务。李广峰,99岁死的,我也是定期上门剃头。

当时我就想,谁没有父母,都有老的一天。如果我们这些上点儿年纪的人嫌脏嫌累的,小的可以看着老的行事的,我希望能给孩子们做个榜样,把好传统好习惯传承下去。

大尖庄,王大爷的脑袋顶子都是一层厚厚的油泥,味道呛人。刀子都刃不进去,我到他家,一遍一遍给他洗,直到洗透了,才开始剃头。

老人们一见到我,都叫我的小名:拴儿头,拴儿头……

在闪闪剃刀中,建立起我与老年人的深情厚谊。

自 学

耿子厚,1952 年生,郝各庄镇人。18 岁参军,在天津 66 军杨村 196 师汽车连任战士、卫生员,又因酷爱理发,兼连队义务理发员。其间发生过让人忍俊不禁的小故事。

采访时间:2015 年 6 月 24 日

1970 年,我 18 岁入伍。部队在天津杨村。我到军营第一天,看到战友们的人样子长得挺好看的,就是头剃得难看。我壮着胆子跟连长说,我想给他们剃头。连长问,你行吗? 我说,行。连长说,你先给我剃试试。剃完了,连长一照镜子,表示还挺满意。他问我老家是哪儿,我说宝坻。噢,怪不得呢,敢情你是宝坻人,宝坻人都会剃头吧? 我说,也不是,反正比别处多。

其实我在老家的时候,中午就给人家剃头。那时候都是剃光头,我也没觉出有啥不好剃的。所以入伍第一天,我就敢提这个要求。

过了一段时间，我被分到汽车连学医务护理（卫生员）。指导员当着全连战士宣布，从今天开始咱们连队置套理发工具，让耿子厚给大伙剃头。当天，指导员让我坐车到城里买理

为顾客服务

发工具。因为卫生员不用出操、训练，有战士病了，轻的吃药、打针，重的直接转院，所以我在连队的工作相对比较轻松，这也给了我钻研理发的时间。

从那以后，我就为连队的战士们义务理发，后来到连队探亲的战士家属也找到我理发。那时全连共130人。战士们来自全国各地，也有少数民族的战士。十来个少数民族的战士和家属都用我理过发。他们对理发都有这样那样的说处，我想这也许是各个民族对理发的不同理解吧。

我当兵九年，大概理过几万人次。后来别的连队的战士和家属也找我。那会儿，师部有专业理发员，在他出差、探家或忙不过来的时候，领导就说把小耿叫来。在这期间，还发生过一段小插曲。

有一年"五一"，战士们在部队礼堂看电影，去的时候穿军装、戴军帽，到礼堂，可以只穿白衬衣，军帽摘了放在椅子上。结果，战士们一摘帽子，好几十人都是大光头。礼堂里唰地一片亮。那会儿部队的纪律很严格，不允许战士随便剃光头。可能当时战

士们心急看电影,把这个给忘了。后勤部长马上就站起来问,你们是哪个连队的?散场后,后勤部长把连长找去训了一顿。连长气冲冲找我:耿子厚!准是你小耿干的。你怎么搞的?不知道连队有规定?我说战士们都找我,认为天气热了,让我给剃光头。我也想让战士们凉快凉快。连长说,下次别干这事了。部队规定你懂吗?我说懂。连长让我说说。我说,部队战士的头是有标准的,把手指插到头发里,刚好不能露出手指肚,几乎就是手指肚那么长,叫圆寸头,真要去战场,必须剃光头,受伤后,好包扎。连长这才放过我。

因为汽车兵是技术工种,三年后,刚好练熟,所以不用三年就复员。可是到了第四年,我要求退伍,连长不想让我回来,主要因为我会理发。最后还是没拗过我。

1980年,我光荣退伍,回到老家宝坻。我到了外贸公司,业余时间义务理发。外贸正火的时候,在三楼办了"理发室",目的就是通过理发,在业务往来方面加深感情,可见理发的重要性。来自韩国、美国、苏联等国家的客人都找我理过发。外商也不愿意到外头理发,他在单位理发觉得安全。一位香港的黄先生来宝坻外贸公司谈生意,我给他理了几次发,他挺满意,我俩就熟了。有一次,他住单位招待室,他觉得热,开空调了,第二天就说腿疼。领导让我去看看。我说我们这里还不到开空调的时候呢,你是受风了,你打开窗户就行了。我把针灸拿来了,六寸长,他连忙说,不行不行。我说你别害怕,不疼,但管事。我把针给扎到还窍穴,开始行针,一捻,他说感觉又酸、又麻、又涨,我说这就对了。行了,15分钟后好了。我的针灸技术是在部队剃头时学会的。

理发对身体有好处,尤其要注重理发之前的一些细节。特别是洗头，相当于按摩。一定要洗净，不能瞎划拉。挠透、擦干。挠疼了不行，你一挠顾客一顶你，证明需要挠，要是一躲，就证明不需要了。一开始轻柔，用手指肚，手指盖一带而过，逐渐加重，差不多了，再回到轻柔，然后擦干。这也是我几十年从事理发得出的一点儿经验。

弃刀·操刀

　　张凤武，1931年生，林亭口镇三村人。15岁去沈阳皇姑区"惠林轩理发店"学徒。由于解放战争，他放弃剃刀，毅然入伍。1958年复员后，重新操刀，为乡亲们义务理发。

　　采访时间：2015年9月6日

　　我15岁在沈阳皇姑区我哥张风奇开的"惠林宣理发店"学剃头。我侄子张艺也在那里学剃头。我的师傅就是我的哥哥。由于年龄小，调皮，再因为亲哥哥是师傅，基本没有好好学。结果过了半年，我哥哥一看太不像话了，这样一来，我把我侄子也带得不好好学了，那还行，哥哥还指望着我侄子能接他班呢！结果严了，非打即骂，我们爷俩不敢吊儿郎当了，一年就学会了。出师后，我回宝坻窝贝厂老家。

　　1946年，我参军入伍。分到9纵队（后改为46军）136师408团3营8连，我在步兵连当连部通讯员，连长王善。参加过杨仗

子、潮阳、尖山子、二道河子、易县等战役。以后不打仗了，与敌人转圈，有时离很近谁也不理谁，当时也知不道啥原因，领导咋命令我就咋执行。1946年的冬天，下了一场大雪，上头有命令，吃住自己想办法。当时我们在易县，打土豪斗劣绅，坚持一冬，开春以后开始训练。后到黑山县，还是吃不饱。1947年秋天，上头下来命令，开始打锦州，锦州拿下来，紧接着打营口，两个战役结束后，部队开始整修，之后，进关到冷口，后过迁安到丰润县（今唐山市丰润区），准备解放唐山，敌人早撤了，没费一炮一弹。又打塘沽，当时我还是连长通讯员，解放塘沽后，转入天津，主要任务是打津南义地（埋人的地方），从义地进攻天津，29小时就解放了天津。

其间，我也参与过战斗，开始的时候心是有点儿慌，可是看到战友们一个个像老虎似的，向敌人冲去，特别是看到战友英勇牺牲的样子，惊慌一扫而光。当我打出第一枪或真正放倒一个敌人的时候，也就不害怕了，凭敌人的子弹嗖嗖嗖地在耳旁飞过。

天津解放后，部队在独流镇休整一段时间，之后南下解放江南，行军 7 天，到湖北孝感，准备解放汉口，但敌人早已经逃光了。我们继续前进，直到长沙南边黄土岭，才打了一场遭遇战，持续了三个多小时，才胜利结束战斗。枪膛还没凉，又接到新任务，到湖南湘西伍港县、隆回县剿匪，之后马不停蹄上广东，保卫祖国南大门。在那里我由步兵转为炮兵，调到机炮连，使用 82 迫击炮，当时是 1950 年。到了 1951 年，转到 82 速成中学学习，后参加抗美援朝战役。被安排在第三线，当时任一炮手，装炮弹。1953 年抗美援朝胜利。

1958 年复员后，我想现在是和平年代了，我的剃头手艺不能白学啊，我得好好享受一下这里面的乐趣。于是我重新拿起剃刀，为乡亲们义务理发。

第一次

张廷佐,1939 年生,口东街道鲁文庄人。16 岁去北京宣武门外河北寺街 28 号表兄家学习剃头。三个月后,第一次走街串巷夹包剃头。后来为不给表兄家添麻烦,回家为乡亲们义务剃头。

采访时间:2015 年 7 月 22 日

我十六岁就不上学了,家的周围是大水库

　　我 16 岁就不上学了，家的周围是大水库，我就以捕鱼为生。后来，我父亲说你刚这么大年纪，得学点儿手艺。我说我也不会干别的活儿。父亲说你就到北京跟你表兄孙振海学剃头吧。

　　我表兄是李山庄的人，他长期在北京。我坐船到天津小王庄再坐火车到北京前门车站。表兄的家在北京市宣武门外海北四街，门牌 28 号。我在表兄家里整天用筷子学剃头，拿筷子要把胳膊端平了，主要是锻炼腕子。表兄每天都指导我，用刀讲究腕子的劲头，用刀要灵活。剃头讲究轻磨重荡紧扒皮。磨刀要轻，荡刀要重，剃头的时候要紧扒头皮。而且还要学习给顾客洗头，目的是要知道顾客的脑袋有什么毛病。一摸有瘊子，有疙瘩，剃头的时候刀要躲着点。还有刮脸，讲究从哪边插手就再从哪边收，跟榜地一样，这些都是表兄教我的。

　　练了三个多月，表兄说可以出去夹包剃头了。

　　我从宣武门出去，到处串。当时北京没有什么楼房，胡同多，

打唤头

北京东四一条、二条、三条……十二条，都去了。当时我才16六岁，还算是一个小孩儿，城里人瞧不上咱们，都认为这么大的孩子不会剃头。直到在宣武门海北四街这一带遇到了一位80岁的老头儿，才算开张。他问我你们是哪里的？我回答是宝坻的。他说宝坻县的人全会剃头。我说我第一次剃头，试试吧。老头儿说你慢点，别把我的脑袋给拉了。我说我给您用推子推。后来还真挺好，真给推下来了。推的是背头，左边一拢，推一下；右边一拢，推一下。那个老头儿挺满意的，给了我2毛钱。最后老头帮我张罗买卖，找我剃头的人才多起来，倒是能够挣个饭钱。

那会儿，我每天晚上住在表兄家里。表嫂睡在炕上，床铺是两层，表姐在上层，大舅和表弟在下层，两个表兄和我就睡在地上，身上特别凉。那时候的人使用炉子做饭，一锅一锅的汤，一家人吃一顿饭得很长的时间。长期用炉子，360天都不灭。用完就把炉子放在房山，阴凉的地方，到做饭时还得再弄出来。当时烧的

自己给自己理发的绝技

是蜂窝煤，都是从大栅栏珠市口买来的。后来，我觉得有点儿不好意思了，十六七岁，整天在人家吃饭，人家也是窄窄憋憋的，我就给家里写信，说明情况。我总觉得我做不了北京人，刚到北京，得先到派出所登记，上临时户口。当时管理挺严的，走时还要开条，得销户口，这些都是我表兄给办的。

　　回来以后，我没开过理发店。谁要剃头我就免费给人家剃，随叫随到，就是不要钱。给小孩剃过胎头，给将要离世的老人剃过苍头。主要活计是打鱼，还修过铁路。开过山，打眼放炮背石头。

给战士剃头

李久元，1928 年生，大唐庄镇南李庄人。17 岁到天津"福贵
理发所"学剃头。抗美援朝胜利后，被派到县理发所，专门给负伤
的战士理发。

采访时间：2015 年 8 月 26 日

我 17 岁学剃头。在叔叔李小斋的介绍下，去天津市河西区
谦德庄，住的"锅伙"。我大哥、老姑夫、常师傅、大马庄马师傅，他
们都是我师傅。白天他们都出去剃头了，我们租房的旁边有一个
"福力理发所"，是我们村李福元开的。我白天就在那儿学，晚上，
师傅们回来，吃大锅饭：窝头、饽饽和小鱼……18 岁夹包。去过黄
家花园、三义庄、马场道、小白楼（英租界地），那时是国民党管
辖，东楼、大理道、睦南道……五大道，一边看风景一边剃头。

1947 年回家务农，1948 年又回天津。那会儿，和我一块住锅
伙儿的师傅都没回来，就我一个人了。那些人也惦记着来，结果

天津被封锁了。我是好不容易又回来的。当时一个国民党兵找我剃头，说了一大堆不想再打仗的话，我说话直，就劝他投降解放军不就得了吗。他说人家要我吗？我可开枪打死过解放军。我说那就不好说了。由于那会儿天津的局势太紧张了，基本上就没人找我剃头了，我又回到了老家。

1949年，天津解放后，我又回到天津。那会儿我们的房子住的都是国民党的降兵。解放军让我给他们剃头，也给降兵剃头，确实对俘虏挺好的，比国民党强多了。当时是我们村的李月师傅介绍的。既给钱，又管饭：红高粱米（也叫文化米）熬葫芦条子。那会儿我和一些师傅在谦德庄朱元里胡同租了房子，他们都是谁我也记不住了。一个月后又回家了。

同年，家乡发大水，我们全家都去了黑龙江俄河县上义屯。记得是坐着大闷罐车走的。住东北大炕。我去了二年多。我父母、妹子就在那里开荒，种玉米、高粱，一开就是几十亩，没人管，还鼓励我们开荒呢！

一边给战士们剃头，一边听战士们讲抗美援朝故事，真的挺幸福！

日本人没投降的时候，他们也有开垦团，盖了不少房屋，一败就扒了。剩下一些房框子，我用木头框子、木头棒子在山上搭了一间小房子。那时日本人还打了很多井，叫木闹，木头井。周围是木头做的垣子，用辘轳摇。那时候是抗美援朝之前，我们那儿住了大批的解放军，在那里开荒。以后抗美援朝战争打响了，没人了，我们就继续开荒。

后来我又去附近的拉海站，在山记理发馆当师傅。抗美援朝胜利后，解放军战士在此地整修。我被县理发所派去给志愿军战士剃头。那时我21岁，一边给战士们剃头，一边听战士们讲抗美援朝故事，真的挺幸福！

夕阳红

　　魏永珍,1936 年生,林亭口镇小靳庄人。18 岁去沈阳皇姑区"爱荣富理发店"学徒。出师后回家务农,直到 1996 年,60 岁,重操剃刀。十几年风雨无阻,由大铁驴到永久再到飞鸽……光自行车就骑坏了好几辆。老理发师用实际行动谱写一曲夕阳红。

　　采访时间:2015 年 8 月 18 日

　　有这样一种"理发店",它们行走于乡间的小巷,或许它只有一辆自行车、一个小脸盆、一把剃头刀……这里没有城市美容美发店里能看到的用具。但这种近乎"绝迹"的老式理发,却满载着一代人的记忆。

　　魏永珍 18 岁去沈阳皇姑区"爱荣富理发店"学徒。出师后回家务农,直到 1996 年,60 岁,重操剃刀。十几年风雨无阻,下乡剃头。由大铁驴到永久再到飞鸽……光自行车就骑坏了好几辆。老理发师用实际行动谱写一曲夕阳红。

在给老人们剃头时，只见他熟练地撑起批布，认真地给老人刮脸、剃头发。"刮脸这活儿最讲究技巧，力度轻重要拿捏得准，稍不注意可能就会刮出血。"魏永珍说，"过去剃头师傅要学十种活，梳、编、剃、刮、掏、剪、染、补、接、舒，现在懂的人也不多了，也没那么讲究了。""以前那个时候，我们很吃香。"

这是魏永珍的全部剃头家当

现在这种生意的市场越来越小了，只能在农村给一些老人及小孩剃头。

刚开始那会儿，魏永珍买不起好的自行车，就骑着父亲攒的大铁驴到处走，最远曾骑到宁河。

魏永珍不光剃头技术好，口碑也很好。这些年，他会定时上门为乡村老人剃头，而且已经坚持快二十年了。

如今，剃头匠已经逐渐退出舞台，为什么他还要坚持自己的手艺呢？他说，儿女虽然都已经参加工作，但只要自己还能做得

这两张是我学徒时跟师兄弟们的合影

动,就不想给他们增添负担。

他想让剃头这个老手艺传承下去,但是要实现却很难。"现在的年轻人都吃不了苦,几年前收了两个徒弟都没坚持下去。我很想再找人传承这个老手艺。"老人家的言语透露着无奈与期盼。

热心肠儿

　　史德兰,1936年生,林亭口镇车辕轴村人。15岁在天津红桥区"华林理发店"学徒。后到"温泉浴池"。其间,每次有老乡来城里办事,他都热情款待,洗澡、吃饭、找住处……乡亲们都说他长了一副热心肠。

　　采访时间:2015年9月6日

　　我15岁那年,在天津一家澡堂子做服务员的父亲托朋友小侯庄的李文把我介绍到天津红桥区"华林理发店"学徒。当时,理发店里有13个人,宝坻人占半边天。有小侯庄的李凤、李芬,尹庄子的杨贵宾,黄庄子的王德增,牛庄子的马景林,还有一个叫杨连仓,他是啥庄的我忘了。刚到那里就是干活儿,做饭、扫地、烧水……做完活儿就站在师傅旁边看,你还别总问,问多了,师傅就会烦,因为他那儿正给客人剃头呢,得专心。后来我总结出几句顺口溜:留神看,认真练,问题多,师傅烦。我在1953年出的

乡亲们都说我长了一副热心肠

师，在"华林理发店"干了六年，其间赶上公私合营，连理发店带澡堂子都合一块儿了，把年轻的都调到澡堂子去了。来剃头的都是普通老百姓，没遇到啥大人物。就记得当中，总有老家的人来找我，给找个吃饭、歇脚的地方，当时都很穷，哪有富余钱吃饭住店，干脆，我就让他们住我那里，有时候我把床铺给他们住，我住地上。凡是到这里来的，临走时，我都给他们剃个头理个发，我不能让他们带着狼狈相回家，更不能让乡亲们白话我不够意思。

1960年，我被调到温泉浴池。那会儿一楼洗澡，二楼理发，三楼是宿舍。我在二楼理发。和我一块的宝坻老乡还有史杰、李宗、张玉峰……宝坻人还是占去半壁江山。当时，宝坻电影队的张晓航总去天津取片子、开会，一去就找我，在我那儿住，临走我不光给他理发，还请他洗澡。1966年，领导看到我还会木匠活儿，就把我调到修理部，专门修理椅子等浴池用具。虽然换了岗位，只要有老乡找到我，我还是一如既往地提供帮助。虽然事情微不足

开在家中的小理发室

道,但体现的确是一种乡情。

我是在 1991 年退的休,在家待了五年。后来还是放不下剃刀,终于在 60 岁的时候,重操旧业,在家里开了一间小理发室,想在有生之年再为乡亲们干点儿微不足道的事情。

这里是天堂

　　杜玉林,1937 年生,郝各庄镇李台村人。16 岁去北京"马记理发馆"学徒。56 岁在大黑林路旁边开了"林记理发店",一干又是 14 年,顾客几乎全是老年人。他们说,在这里剃头经济实惠,还能逗逗乐子解解闷,简直是我们的天堂。

　　采访时间:2015 年 8 月 21 日

　　我们采访杜玉林时,正赶上活儿忙,一听我们的来意,他欣然同意。于是,他一边剃头,一边跟我们聊起剃头的事情。

　　我 16 岁去北京通州(今通州区)"马记理发店"学徒一年,跟我姑和姑夫学的。那里管吃住,多少给点儿零花钱,管得不是太严,那时候还没有居民楼,叫通州县。在公安局下坡,那时就一个小楼是卖饭的,北边是回民区。生个小炉子,吃的棒子面,干了四年。

　　我眼不花,耳不聋,就是胃口不太好,跟剃头有关系。给公安局的人剃过头。

给顾客理发

1955 年回家,入生产队,之后又干了几年副业,在附近的鞋底厂。散队以后,夹包,走街串巷干了 18 年。牛家牌、双王寺、武清。有自己固定的客户。

后在这里租一间小房子"林记理发店",多给老年人剃头。

"我叫张卫国,我们都是老主顾,去别处没人会刮。一直在这里剃头,今年 61 岁了。经济实惠,全活 5 元。我们上岁数人主要是刮脸。图个经济实惠,图个舒舒服服。"

"我叫刘长河,今年 73 岁。他来多少年,我就在这里剃多少年了。四里八庄的老人都来,马营、四里巷、五里台、大五登、中五登、小五登、大庄子、小庄子、樊庄子……"

"我是后五登村的,我叫张树清,得过脑血栓,25 年了,到这里剃头,不像年轻人对发型要求高,剃个光头挺好。在杜师傅这儿剃头挺方便,剃头的时候还能和他唠唠嗑,多好!"

你一言我一语,一时间笑声充满小屋。

旁边是乡村路,来往车辆很多

　　杜师傅说,我感觉给老弟兄们剃头非常开心。我年轻时就给人家剃头。我原来劝我儿子学剃头,人家说养不了家,要学也学美容美发。三个闺女两个儿子。不喝酒不抽烟不玩牌。按现在条件我可以不干了,我觉得一是锻炼身体,二是舍不得剃刀,三是舍不得老弟兄们。给人家剃头,我感觉自己也挺享受的。对传统剃头的前景并不乐观。

　　虽然毫末技艺,却是顶上工夫。如今,像我这样守在剃头一线的上岁数人不多了,我真希望年轻人不要光从挣钱的角度评判剃头技艺。

　　临行时,我又仔细看了看这间毫不起眼的小房子,门前是大黑林路,车来车往;后面是芦苇坑,风景很美;里面是村庄,四通

为老伙伴刮脸

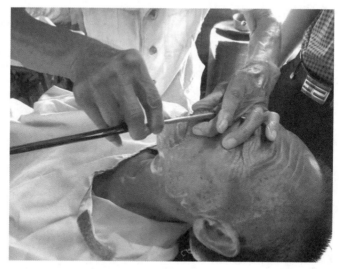

八达。听杜师傅说,这个小房子租金一年600块钱。然而满屋的笑声,又岂止是用金钱能买来的。

游方

天大，地大，到处是我家。宝坻剃头匠由骨子里就"不安分"，为了谋生，在十几、二十几岁的大好年华，近到天津，远赴东北，永远没有停止忙碌的步伐。或开店、或担挑、或夹包，全国各地都能见到他们的身影，清脆的唤头声响彻高楼大厦的城市，响彻土地肥沃的农村。他们无怨无悔，忠实地履行一个剃头匠的职责，剃好头、理好发，时机成熟就回家，将剃头的故事讲给家乡人听。

剃头窝棚

董乃春,1934 年生,大白街道孙校庄人。17 岁去天津跟大哥董茂春学艺。由于地方太小,没来得及跟哥哥学剃头,就到同村高照祥搭的窝棚里住。在那里,学会了剃头……开始了自己的理发生涯。

采访时间:2015 年 8 月 31 日

1951 年,我去天津,找我大哥董茂春学剃头。我大哥是跑散的,住的是自己搭的窝棚,夹寨子抹泥,开始是我哥我嫂子住。地方在河北区小树林。我在那里待了两天,一看地方太小,不方便,那时候我也 17 岁了。

在小树林,我们村的人多:杨月明、高照祥、李亭香、李亭芝、常少成……住的是高照祥的剃头窝棚。他们都是跑散的,除了李亭香担挑,其他人都是夹包剃头。我哥和他们挨着,我总去他们那儿串门儿。从大哥那儿回来,我又去找他们,我说我想回老家。

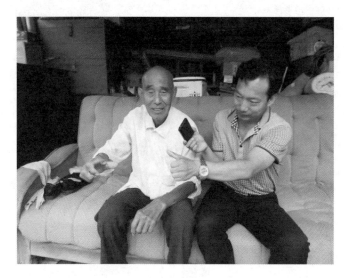

到同村高照祥搭的窝棚里住

他们说回家干啥，就这里待着吧。我说我大哥大嫂子那地方太小了，住着不方便。高照祥说，我这地方大，你就住我这里吧。可是总待着也不行啊，他们说你跟我们学剃头吧，反正你哥也没地方教你。我说我行吗？他们说好学着呢。我们一块儿教你。先练腕子，再练空手抓，主要是练推子。学了一个多月，他们说你试试吧，就拿他们练手。开始给师傅们剃头，总拉口子。他们告诉我，把脑瓜皮扒紧了就行了。最后给我弄套家什，开始跑散。临走时，他们专门让我打了几下唤头，他们说唤头打好了，能打到四层楼高，预示着买卖兴隆。

我第一天出去，就像小鸟出笼子一样，那高兴劲儿就别提了。我去的第一个地方叫付辛庄，那里全是平房。在那里剃了三个头。一个小孩，挣了1毛5分；两个大人，挣了4毛钱。当时心里挺美的，别管挣多少钱，倒是开张了。而且，顾客说我剃的头也挺好的。顾客客气着呢，进屋先倒水。在中山门平房宿舍有一家，是年轻的两口子叫的我,给他们孩子剃胎头。剃完后,两口子挺满意,非要留我吃饭,我小,不懂这里的规矩,就没客气,吃得还挺饱。吃完饭,一家子都出来送我。我心话,剃头这活儿真不赖,不光能挣钱,还有人管饭!回去后,师傅们问咋样啊?我说剃三个。他们说好,明天再去。不过他们也嘱咐我,尽量不要在顾客家里吃饭。我问为啥,他们说,咱们挣的就是吃饭的钱,既然人家都给咱们了,咱们就不能再吃人家了。我说行。转天,师傅在后面瞄着我,怕我剃扎(坏)了。结果有一户又想留我吃饭,我说师傅不让吃,他说吃顿饭算啥。正执拗呢,师傅们在外面打响了唤头,我算了账赶紧跑出来了。其间也和顾客争吵过,过后师傅让我记住三句话:说话要和气,做活要仔细,遇到难缠的别生气。就这样,我在小树林干了两年多。

1953年,我回家,一看家里没有劳动力。那时我们全家九口人,我们哥儿五个、姐儿两个,全是六七岁、十几岁的,没干活的,就得挨饿。我下边还有三个兄弟,两个妹妹,于是我没回去,加入

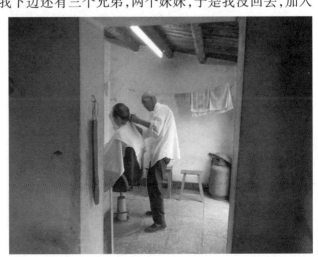

大队部里的小理发店

了当时的互助组，后来是生产队。那会儿就义务剃头。

改革开放以后，我开始夹包剃头。当时村里大队部有一个小理发店，方便周边群众理发。经过四个师傅，一是董德正，二是董富春，三是董茂春，四是常少河。这不，前几年都不干了，我就去了，到我这是第五任了。

少英剃头棚

孙少英,1940年生,大白街道隋家庄人。12岁随父亲到唐
山东矿区开理发馆,其间学会剃头,13岁担挑、夹包走街串巷给
人家剃头,他年龄虽小,脑瓜却灵活,自己在矿区附近的大街上
支起剃头棚,戳起自己的幌子……

采访时间:2015年9月5日

1952年,我12岁,开始学剃头,那年家里发大水。我父亲在
唐山有个理发所,我爷爷也会剃头,我们三代祖传。我爷早先在
东北剃头。我爷是我父亲从东北找回来的,那时我才3岁。我奶
在家,那还是民国,我父亲是在东北学的。那会儿叫奉天,张作霖
的地盘。过去学剃头有行话,外边学的有行话,祖传的没有。我父
亲主要给买卖家剃头,听说主要给一个金店老板剃头。

唐山东矿区有一个理发店,没名字,立着理发的幌子。我父
亲自己开的。我才12岁,我父亲剃头,我在旁边看着。光头1毛

5分,全活儿2毛钱。我连学带干,给亲戚、朋友剃头,不要钱。这是眼里慧气的事。学刀子活儿主要练腕子,剪子活儿练手指,推子活儿也练手指。一年以后,父亲让我担挑剃头。

一开始,我打一下唤头,扶一下扁担。开始去范各庄东矿区剃头,一般在街上剃。我也支过棚子,用柳树叉子搭个棚子,四周用布一围。一般在集市最热闹的地方。工人一下班,买卖就多了。特别是冬天,水不够了,就到买卖家要些。其间也夹包,灵活运用。那天活儿还真不少,大清早支上棚子,人就不断。中午只买两个茄子热热吃了,晚上一直到看不清了,都趴在客人肩膀上了还干呢。那时的工具都是笨家什,一天下来,活儿不少做,钱不多挣。最多十几块钱。干完了,又饿又累,晚上回到家喝了好几碗粥。

1956年,我去古冶翻土矿上班,在礓石场煅烧,出来的材料可以炼钢。我是4级工,一个月五十多块钱。1958年回家。退休后直到现在,还是剃头。父亲告诉我试刀子的秘诀:刀子磨得快

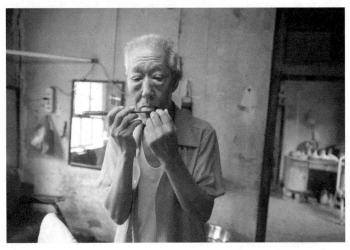

舌尖舔刀绝技

拉上一段二胡

不快,舌尖一舔觉出来。挂刺儿就叫磨上了,十来个头不用换。

　　除了剃头,我还喜欢拉二胡,年轻时剃头是为挣钱吃饭,没功夫玩别的,现在不同了,给人家剃剃头,偶尔拉拉二胡,分明是一种享受。

"真人"不露相

张守成，1933 年生，口东街道鲁文庄人。25 岁去唐山发电厂做工人，其间自学剃头，三个月之后，担着挑子走街串巷……感受到宝坻剃头人的分量，而这一切，村里却无人知晓。老师傅风趣地说，这叫"真人"不露相。

采访时间：2015 年 7 月 22 日

1957 年，我到唐山发电厂工作。因为收入少，就想，宝坻剃头的多，就想学剃头。后来，发电厂完工了，没活儿了，工人都撤走了。因为自己心气比较高，想留唐山。干啥呢？老乡们劝我学剃头，但没有人教我。我父亲会剃头，但没教过我。老乡们说不会剃头就用他们脑袋练。剃了几次，我就置办了一副剃头挑子，担着它串胡同给人们剃头。

因为紧张，给好些顾客拉过口子，拉了口子，人家还是一分钱不少给我。那时候剃大人头 2 毛 5 分，小孩儿 1 毛 5 分。我每

低调

天打唤头，人们听到声音就知道剃头的来啦。我的那个唤头还是
跟别人借的。挑的那个挑子一头是红漆长方凳，是凉的一头。凳
腿间夹置三个抽屉：最上一个是放钱的，钱是从凳面上开的小长
方孔里塞进去的，第二、三个抽屉分别放置围布、刀、剪之类工
具。另一头是个长圆笼，里面放一小火炉，是热的一头。上面放置
一个大沿的黄铜盆，水总保持着一定热度。下边三条腿，其中一
条腿向上延伸成旗杆，杆上挂钢刀布和手巾。

那时有一个芮庄子的老头儿，已经退休了，有三个孙子。他
问我是哪里的人，我说是宝坻县帐房鄟的。因为都说那个村子的
人都会剃头，牌子响亮。他就叫我过来，让我给他剃剃头。剃了
一次，下回人家就不用我了，因为没剃好，把老头挺好看的平头
剃得乱七八糟的。有一次，我打唤头从那里过，那家的孩子出来
一看，就喊："爷爷啊，还是那个剃不好头的人。"我听了，灰溜溜
逃了。

后来，唐山又成立了焦化厂，我当了工人。一年后，这个厂子

散了,我还是不愿意回家。就到开滦煤矿。我不敢下井,领导对我
不服从安排很不满意,但也勉强把我留下了。可倒霉的事儿又来
了,我们的宿舍着火了,把我的被褥烧了,我就更害怕了,觉得在
这里哪也不安全。后来领导让我烧锅炉,我就烧了一冬锅炉。

　　转年开春,我找领导说我不干了。于是,我就担着挑子重新
剃头了。可是那会儿,家里人总叫我回去,没办法,我还是回家
了。在唐山一共干了四年。到生产队让我磨豆腐去了。直到现在,
村里没有人知道我会剃头。

和两位理发师合影

四合理发店

刘文秀,1935年生,林亭口镇糙甸村人。1950年,经老舅王云清介绍,去天津和平区东马路"老联兴理发店"学徒,师满后,18岁,赴唐山与姑姑、姑夫、姐夫在唐山钢厂旁合开"四合理发店",成为最年轻的老板。

采访时间:2015年9月8日

我15岁去天津和平区东马路"老联兴理发店"学剃头。掌柜的叫张奎英,他是天津市人。当时店里有六个师傅,都是宝坻人,其中有个叫史凌云,我就记住这个人的名字了,其他几位师傅有大钟庄的、邢各庄的、张庄子的……名字记不起来了。学了三年,1953年出师。那时候学徒主要是干活儿,白天做饭、扫地、递手巾把儿,余下时间练腕子,晚上9点钟一落幌,就学基本功。给师傅剃头练手儿,经常拉口子。出师后,就在原地干了两年,三七分钱。

我是在老联兴理发店学的手艺

后来，国家成立了工会，工会能维护工人的利益，我也入工会了。那会儿管老板们叫资本家，还允许他们单干。工会到时候开会，我记得开会的地点，就在天津鸟市附近的东马路青年理发店，得有一百多人。后来我们都混熟了，互相一攀谈，才知道宝坻人占半壁江山。开会，大致意思是说，解放了，我们要联合起来对付资本家，反对资本家的剥削行为，工钱也要给得合理等。记得每次散会回店里，掌柜的都是一脸的不高兴，有时会劝我，入那玩意儿干嘛用？我知道他当然不愿意了，但是我坚信入工会没有一点儿错。

1956 年，公私合营，也叫资本家上楼。掌柜的也被调到其他理发店，当了一名普通理发师。有时候我去看他，他说这样也挺好的，不用费神操心了。

同年，我去了唐山，在唐山钢厂旁开"四合理发店"。成员有我、姐夫赵贵、姑夫宋聚源、姑姑刘宋氏 4 个人。我们不雇人，家把儿将，所以不叫我们资本家。我们依法起照，走的是自负盈亏的道路。来剃头的主要是钢厂、西窑、东窑等厂子的工人。唐山市委的杨远、马力、张伯英等人都去我们的店里剃头。

那时候的工人有剃头票,绿色的,盖着公章,是工厂发的。

每年都是正月十五开工, 一直干到三十晚上 11 点钟, 我姑姑准备年饭。收工后,一家人围坐在饭桌前,总算消消停停吃上一顿米饭熬肉。转天回家过年,过了十五照常上班。

春夏秋冬,一干就是六年。1962 年,全家回家支援农业。

剃遍天津城

刘春发,1938 年生,大唐庄镇东淀村人。17 岁去天津中山门外二段理发馆学艺,两年后出师,夹包剃头,转遍了整个天津城。

采访时间:2015 年 8 月 26 日

我 17 岁去天津跟我表大伯学剃头,他是宁河人,叫杨秀峰。当时我表大伯在中山门外新村二段开了一家小理发店。那里还有两个师傅,分别是宁河大北海的吴必谦,宁河老人淀的张聚义。

我学了两年出师,活儿多的时候,我表大伯就让我在店里干活儿;活儿少的时候,我就出去跑散。那时候岁数也小,哪儿是去剃头啊,纯粹是玩儿去了。像一匹脱缰的小马,到处乱跑。我去过大直沽、下瓦房、吴嘴子、张贵庄、唐家口、东北角……河东、河西、河北……把整个天津城转遍了。

用心
倾听

　　回来早了,就吃住在理发店,不花钱;回来晚了,干脆就在外面住店。我表大伯问我,为啥总住外边? 我说,不认识路了,走迷了。我表大伯说,以后你别上远处去了,让人挺不放心的。我说行。完事儿,我还去。我心儿话,他说他的,我做我的。时间长了,我对那些地方熟悉了,我表大伯也就不死乞白赖地管我了。

　　在跑散当中,我经常去南市,那里有个三不管,我在那尽看杂耍儿了。后来跟这些艺人们混熟了,就给他们剃头。有一个安徽的叫张国强,他是耍猴儿的。手里经常牵着一只大猴儿和两只小猴儿。有一次,我刚给他剃完头,开始收拾家什。他说你别忙,给我的那只大猴儿剪剪猴毛儿行吗? 我说那不行,我的剪子是给人剪头的,不能给动物剪毛。他说我多给钱。我说这不是钱的事情,这是剃头规矩的事。他来劲儿了,问我,哪一章哪一节写着呢? 一下子把我问着了。我们俩人正争执呢,我表大伯从人缝里挤进来了,上来就想拿脚踢我。这回出乐子了,有一只小猴儿扑

依依不舍

上去，照着我表大伯的身上就是一通乱挠，幸亏是冬天，就这还把我表大伯的棉袄里的棉花给挠出来了。

回到店里，我还以为他得骂我呢，没想到我表大伯夸了我一顿。他说你做得对，绝对不能拿给人剪头发的剪子给动物剪毛，一是不卫生，更重要的是对顾客的最大不恭，或者说是侮辱。后来我想，这也是体现剃头人德行的一个方面吧。

1956年，公私合营后，我没入社，继续单干。那时候已经不允许单干了，我就偷偷摸摸地干。让人逮着好几次，每次都把工具没收了，我就求表大伯帮我要回来，然后再去。

1962年，我回到老家，在家里开了一间小理发室，四乡八里的乡亲们都来找我剃头，一直到现在。

海边剃头匠

崔志广,1936 年生,黄庄镇吴辛庄人。14 岁,经崔世芳介绍,去唐山昌黎县"永发鲜"理发店学徒,出师后与哥哥一起到大蒲河海边剃头。

采访时间:2015 年 9 月 14 日

我 14 岁经崔世芳介绍,去唐山昌黎县"永发鲜理发店"学徒。崔世芳是我师傅,我大哥崔志勇也是我师傅,我的两个师傅都吃劳金(拿工资)。那时候学徒非常严,给老板做饭,不会也得做,老把饭给烧煳了。扫地、打门帘子、洗手巾……白天,有空站在一边看着,晚上练腕子,一练一个小时。

出师以后,我和我大哥一家子搬到大蒲河住,村子离海有三里地。在海边,来往的渔民非常多,我们哥儿俩就在村头开个小剃头棚,主要给渔民剃头,包括过往渔船和村里的渔民,也有塘沽来的人。

老把饭给烧煳了

　　末了，我和大哥担着挑子到海边上剃头，离村子有三里地。那时候我 16 岁。海边最多有好几百人。哪儿的人都有，特别是拉几百米长大包网的，还喊着号子，嗨呦，嗨呦。他们的头发里都是沙子，所以一长长了就剃光头。打网人黑白住在海边，搭窝铺。在里边吃住。等跟他们混熟了，他们总给我们送鱼吃，有黄鱼，偏口，鲈鱼，带鱼，海曼（鞭哨子）等海鱼，还有虾米、海螃蟹等。俗话说：靠山吃山，靠海吃海。海边渔民吃鱼可算是近水楼台先得月了。他们吃法也挺新鲜的。我见过他们吃海蛎烧豆腐，他们把豆腐切成很小的豆腐块，用大葱、生姜、油盐酱醋和海蛎拌匀后，下锅炒上 10 分钟左右再加水，可好吃了。

　　他们吃鱼也有说法：不能翻身。比如天气不好要出海，或者近期内有要紧的生意，就会想起这个说法，吃鱼的时候会注意一些，宁可信其有。其实，就如同我们剃头的给快断气的人剃苍头一样，不顺不吉利。

　　离这不远处有个码头，也叫海口，挺热闹的。每到十五，船就靠岸，他们去村里买些生活必用品。那会儿一个头三四毛钱，没有别人在这剃头，就我和我哥。我们哥儿俩在这一共干了六年。

那会儿我二十，她十九

以后我们去了锦州市里我姐那里了，我在那儿夹包剃头。我在锦州结的婚，老伴叫李淑珍，我们定的娃娃亲，到结婚时才见面。我把老伴接到锦州，那会

再见

儿我 20 岁，她 19 岁。三年后，我们有了孩子，和我姐一商量，我们就回老家来了。

跳骚儿

于占海,1933年生,大白街道大刘坡人。16岁去天津"红祥
理发所"学徒,三年后和本村郭师傅夹包剃头。由于生意惨淡,就
萌发出去闯闯的念头,从此只身一人,先后到过辽宁抚顺、沈阳、
马鞍山,山西大同、宣化,北京门头沟等地,因为到处跑被同行戏
称为"跳骚"。

采访时间:2015年9月5日

1949年,我刚刚16岁。我父亲说也没啥可干呢,学剃头去
吧,于是我去天津学徒。那地方,宝坻县干这行的人多,熟人更
多。我找我叔于林秀,他在鼓楼西"红祥理发店"做师傅,吃劳金。
老板是随庄子孙少营,后来我们的老板当兵南下了,把店让给弟
弟孙少周了。店里有两个师傅,我还有一个师傅是随庄子的,姓
孙,名字想不起来了。刚去的时候先做饭,再烧锅炉,后来擦椅
子,扫地。那是个小门脸儿,我在后边小厨房旁边搭个铺,能睡觉

被同行戏称为『跳骚』

就行了。那会儿时兴挂幌子，一般是 6 点左右开门。我在里面边干活边学习，学了三年。

我的两个师兄，一个是运庄子运怀里，一个是随庄子人。我求他们教我，他们也实在，告诉我一些手法之后，还让我给他们剃头、推头、刮脸，那时我的手没准儿，经常拉口子。反正都是师兄弟，也没说的。后来对面纸盒铺老板跟我熟了，还有一个卖嘎巴菜的小生意人，他们都让我剃光头，有时候叫我：占海，过来给我们剃剃头。我乐不得儿呢！掌柜的让我给他打下手，剃完头，让我刮脸。过年过节，师傅们看电影看戏去了，我想去，可谁让去呀，看家，打扫卫生，完事，就自己练练腕子。

后来，赶上三反五反运动，成立了工会，上面叫剃头的去开会，讲政策（掌柜的叫资本家）。比如：解放了，人人平等了……我一共学了三年，我们村的郭师傅也吃过劳金，经常撺掇我跟他夹包，我同意了，开始夹包剃头，干了两年，觉得总在一个地方干挣不多少钱。后来我去了辽宁、沈阳、抚顺、鞍山、大西北、陕西、山西、大同、宣化、北京……越走心越野,几乎跑遍全国,同行戏称我"跳骚",就是在哪儿也待不住的意思。如今想想,跑的地方是多了,眼界开阔了,但是没落下钱,觉得对不起家人。

抢年炮儿

刘少敏,1936年生,大唐庄镇东淀村人。18岁在天津市河东区沈庄子理发部学徒。后来回家,每逢春节前后、二月二龙抬头时节,就和伙伴们进城,给顾客剃到半夜头,顶着星星徒步回家,这在行内叫"抢年炮儿"。

采访时间:2015年8月26日

讲得津津有味

我 18 岁跟我哥刘少勋在河东区沈庄子一家理发门市部学剃头。我哥是管理人员。门市部里有六个人,都是宝坻人。那几个师傅都教我,三个月后,我出师了,开始夹包剃头。因为学得时间短,刚一出去,人家一招呼,小师傅,剃头! 倒把我吓一跳,心里没底。但还是硬着头皮给人家剃头。我给小孩剃头多,那时候一个头 1 毛钱,大人头一个 1 毛 5 分。小孩头一般是用推子推,一边推一边哄着,得有耐心。这也是在学艺当中,我哥和几位师傅教我的。时间长了,大人们也愿意找我剃头了。有一人跟我熟了,就是第一次喊我剃头的那个人。他问我,我喊你剃头,你咋还跑啊? 我说那会儿不是心里没底嘛。

小孩儿头不好剃,爱动。爹妈扶着脑袋,我自己还得一手掐吧着脖子,还不能太用劲。给人家拉口子也正常,一般家也不挑这个。

断断续续,干了六七年。其间,一般春天家来种地。主要是冬天,赶上抢年炮儿,啥天儿也得去。一般是过了腊月二十五,还有二月二龙抬头的日子,一年就这两回,这两节期间,剃头理发的人特别多,和正月里剃头死舅舅的说法有关。

有一次,二月二龙抬头,我和几个同村的伙伴儿冒着小雨去天津,总共四天左右时间。我们一般在王串场、小王庄、中山门的工人宿舍。唤头一响,人们就出来。抢年炮儿经常碰到宝坻老乡,匆忙间,互相问候一下,也就完事了。

腊月要到三十晚上回家,步行,走一宿。遇上大雪天,真是白茫茫的一片,辨不清方向。从天津过来有一段是旱路,剩下跑冰。二月二出去坐船到法正桥,再走旱路,不舍得坐车,一分二分都是好的,不舍得花。那时候,最多一天挣 10 块钱。风里雨里雾里雪里……到了 1962 年,我就不干剃头了。有人找我,我就白给剃(免费理发)。现在眼神不行了,彻底不剃头了。

平凡

　　元帅、将军、国家领导人以及各界名人，似乎离我们很遥远，他们是我们崇拜的对象，同时在我们心里又是高不可攀的神。宝坻剃头匠凭借着出众的技术和诚信的人品得以近距离接触他们，从他们的口中，我们重新认识了这些名人。其实他们很平凡，他们的伟大，是体现在战场上、治理国家上、课堂上和舞台上。宝坻剃头匠没有因为给大人物剃过头而妄自尊大，这一点很可贵。

将军没派儿

　　白振普，1934 年生，大白街道八道沽人。16 岁去天津侯家后刘振龙开的"振龙理发店"学艺。21 岁去北京政治学院给人理发。与彭德怀有一面之缘。其间，给萧克、唐亮、莫文华、李德生、张震、冯绍武等一百多位将军理过发。他们都没派儿。

　　采访时间：2015 年 8 月 31 日

　　我 16 岁那年，家里发大水，父母把我送到天津侯家后，在舅舅刘振龙开的"振龙理发店"学徒。当时店里还有六个师傅，算上我舅舅，我有七个师傅。他们每天轮流教我手艺。只用了一个月，我就出师了。我在店里干了四年，剃头的都是附近的普通老百姓。

　　1955 年，我 21 岁。我和我们村的白少祥关系不错，他在北京政治学院当理发师。他知道我也学会了剃头，就给我写信，想介绍我去北京政治学院剃头。北京政治学院是军队的最高学府，现

白振普接受采访

在改为国防大学。我接到信非常兴奋，赶忙回信，表示愿意去那儿剃头。

我去了之后，院领导把我安排在学院理发部。那会儿共有十四个人，四间房子。萧克、唐亮、李志民、莫文华等首长都找我剃过头。时间长了，我和他们都熟了，我才知道当时萧克是院长，唐亮是政委。

那时候，莫文华副院长经常找我聊天，关心我的生活。他问，家里又来信了吗？我说，前几天来着。说什么了？一切都挺好，让我踏实工作，照顾好领导们。你呀，报喜不报忧啊？我说我有啥忧可报？家里有困难，这还不算吗？上午你家人让人捎信给你，是白少祥告诉我的。我说首长，咬咬牙也就挺过去了。老白啊，有困难可别硬撑着。我说请首长放心！不久，白少祥回家了。那会儿，白少祥负责管理理发部。他一回家，院领导决定把理发部交给我管理。我还记得院长萧克找我谈话的情形。他说，理发部需要一个工作踏实、技术精湛、为人厚道的人来管理,我看你这个宝坻小伙子挺适合,不知道你敢不敢接受这个任务。我脱口而出,请院长放心,我一定能干好! 我倒不是在乎当不当这个官,就是想一门心思把工作做好。我们利用业余时间,不断学习和提高理发技术,同时,提升个人素质,做到不乱问话、不瞎传话,不给领导找麻烦。

一次,我给李德生刮胡子。他说老白,咱们的理发室虽小,但是在咱的学院里占着很重要的地位, 也是咱学院对外展示形象的窗口。所以你这组长很重要,咱们这里是为国家培养军队高级干部的学堂,你能为他们服务,你的工作是光荣的。我听后非常兴奋。

当时,李志民也在我们学院学习。他对我很是欣赏。他去昆明军区当政委时,曾劝我,老白,我上任去了,有事情找我。当时我说,你跑到昆明军区,我有事情上哪儿找你呢! 老白,和我一道走吧! 我说我不去,除了剃头我啥忙也帮不上你。你个老白呀,有好事都不去! 我说,报告首长,我就这个潮白河脾气。

后来我把这段事情讲给宝坻老乡冯少武,他听了哈哈大笑。他说老白,你真能整,整出个潮白河脾气。到底啥叫潮白河脾气? 我也笑了。后来我俩就聊家乡的事情,特别是聊到剃头,他颇有感触地说,宝坻人呢,从来就没想过利用剃头求啥大富大贵,这是对民间技艺的尊重。这也许就是你说的潮白河脾气吧。冯少武在学院学习了三年。大概是1979年以后,留在北京原总政治部老干部局,以后又调到总参。这些将军们对剃头没啥高要求,平易近人。

还有一件最令我难忘的事。那是"文革"期间,我们的理发部是在学院大院大礼堂后边,我们的理发室旁边都有澡堂子。一间挨一间。"文革"中受批斗的都住在这里面,一人一间。我作为理发部管理人员,每天都要检查里面的卫生。有一次很偶然的机会,我一进浴室,一看是彭德怀,低着头,好像在想事情。我喊了声:彭总,你好。他听后一愣,抬起头,他问:你叫我什么?我说:我叫你彭总啊。你还敢叫我彭总?我发现彭总的眼圈有点儿发红。

从 1951 年到 1990 年,我算了一笔账,我给三百多个少将以上的将军剃过头。

采访结束时,老人指着头上水灵灵的葫芦告诉我,有一次我去看他们,一想咱得拿点儿啥呢?干脆给他们一人送一个葫芦得了。你别说,他们都很喜欢,只可惜没送出多少……

水灵灵的葫芦

剃头世家

卢学山,1938年生,周良街道大庄子人。出生在辽宁本溪,从小就随父母、兄嫂四人辗转本溪、沈阳,全家人以理发为生。16岁学艺,18岁巧遇评剧名家韩少云,与之攀谈,给她剪发,她还给他唱了一段《小女婿》,同时对艺人漂泊生活产生共鸣。

采访时间:2015年8月24日

我是辽宁本溪生人。我哥在北西湖剃头。1949年,我和父母去了沈阳,也干剃头这行。

我父亲叫卢泽,1913年生人,闯关东36年,我父亲的师傅是西河口的张少勋师傅。

我们一家人都是剃头的,父母、兄嫂、弟弟、弟妹……

我哥哥叫卢学岩、卢学云,我嫂子是西河口姓尹。还有一个吃劳保了,85岁了,现在在辽宁本溪。

1945年,我六七岁,我还跟日本小孩玩过呢,那会儿我们住

我们一家人都是剃头的

的地方是日本地,当时我也听不懂他们说话。

　　我哥的理发店叫"青年理发店",我在他那里学了一段时间,又到过平山区,在洗澡堂学了一年就出师了。我学完徒,就回到沈阳找我父母去了。

　　那会儿抗日战争已经结束了,内战开始了。国民党飞机一来,就拉警报器,我们就钻到防空洞里。就听到外面轰轰地响,挺吓人的。防空洞就跟家里的菜窖似的。最后,我父母就拽着我跑到开原。

　　在沈阳剃头时,我还记得呢。我夹包经过沈阳评剧院,给韩少云剪头。她问我,小师傅,给我剪剪头,剪得了吗? 我说行。她问我是哪儿人,我说宝坻的。她说,呵,咱们是老乡。我是玉田的。那年她26岁,我18岁。我要了3毛钱。做为名人也没啥要求,叫"三齐头",头边齐、后边齐、两边齐。

　　她爱跟我聊天,我才知道她13岁时,拜著名评剧演员刘子西为师,学了《开店》《哭井》《朱买臣休妻》等十多出戏。14岁时,演《五女哭坟》这出戏一炮打响,唱红了。

先后在昌黎、林西、滦县的一些小戏园子搭班,然后闯进天津卫。首演《李三娘》,一开场就爆出了热烈的喝彩声,以后越唱越红。在唐山林西中国大戏院演出,观众极为踊跃。唐山解放后,评剧老前辈金开芳等人在沈阳成立了"唐山评剧院",后改称东北实验评剧团,今沈阳评剧院的前身,韩少云应邀加入,成为国家专业艺术表演团体的一员。曾到中南海怀仁堂为毛主席、刘少奇、周总理等人演出。

她聊评剧,我说剃头,有几次,她和我聊得兴起,还为我唱了一段《小女婿》,那感觉太棒了。

1958年,我的两个哥哥就说了,别剃头了,找个厂子上班吧!"剃一辈子头,发一辈子愁",攒不下钱。我就上班了,在沈阳低压开关厂,头一开始上技校学习,学完后下车间,每月33元。就这样,我从一个剃头匠转成一名工人。

大使馆里的剃头匠

赵春亮，1938 年生，牛家牌镇吴家牌村人。17 岁去天津"新山林理发店"学徒。1964 年，被派到马里大使馆。给陈毅元帅，刘宁一、王平将军，方毅，陈慕华等国家领导人以及各级文艺团队和各行业专家理过发，剃头技术受到过陈毅元帅的赞扬。

采访时间：2015 年 5 月 1 日

1952 年，我小学毕业，考上高小。因为赵家牌开口子，学校被大水淹没了。我只好放弃学业，去天津找我父亲。我父亲也是剃头的，本来想让我干点儿别的活儿，父亲到小王庄、王串场等好几个地方，也没找到适合我干的活儿。父亲当时在一家澡堂子里的理发馆剃头。听说给我找工作的事情后，澡堂子的老板说，上哪儿找去，就在我这里干多好啊。我父亲同意了。当时理发店的师傅们也劝我，小小子家家儿，干这行挺好。我就去了，几个月就出师了。当时没留在澡堂子，父亲为我找了一家叫"新山林"的理发店，干了四年。
1964 年，我 27 岁
出国。

事情是这样：
当时周总理访问非
洲，包括西非的马
里。外交部招理发
师，一块儿去非洲，
结果把我选上了。
没想到我报到晚了

我和陈毅元帅合过影

一些，周总理已经完成出访，回国了。后来就把我留在对外经济
联络部，专门负责"援外"工作。到那里以后，我给那里的工作人
员理发。用的刀子都是日本和德国的，一天也理不了几个人，其
余时间也当过门卫、仓库管理员、采买、帮厨，干一些杂活儿。同
年，我被派到马里大使馆，整干了三年。主要给大使馆工作人员、
来马里访问的政府代表团、人大代表团等团队的工作人员理发。

其间给陈毅等国家领导人理发。我对陈毅元帅印象非常深。
一次，大使馆的领导告诉我，赵春亮做好准备，陈毅元帅要来这
里理发。我又高兴又紧张，赶忙把理发工具擦拭一番。傍中午的
时候，陈毅元帅由工作人员陪着走进我们的小理发部。他身材魁
梧，穿着中山服。先和我握手，操着浓重的四川口音，小师傅辛苦
嘛。我说不辛苦！首长辛苦！来帮我理个发，刮刮脸。因为有点
儿紧张，不小心把陈毅的脸刮破一点儿点儿，陈毅元帅不但没有
生气，反过来安慰我，没什么要紧的嘛，继续刮。我这才定下神
来。他问我，你是哪里的人？我说宝坻人。噢，这个我可知道，宝

陈毅元帅与马里大使馆工作人员合影

与来访文艺工作者合影

坻人剃头的多嘛。通过与他近距离接触，我感到陈毅元帅是那么的平易近人，胸怀宽阔，更让我感受到元帅的人格魅力。

大使馆在管理上很严。那时候，美国、苏修、国民党还是我们的敌人，出门时，必须两个或两个以上的人，不准单独出去，而且，必须坐车。马里非常穷，大使馆雇佣的是当地的黑人司机、黑人门卫。和他们交流的机会并不多，买东西一般去市场，马里的人民很热情，他们心里明白中国给他们建工厂、学校、修路……做了不少好事，所以对我们很热情。当时马里官方语言是法语，当地老百姓主要说班巴拉语。无论走到哪里，马里人都会很礼貌地跟我们打招呼，由发音上听是，安哥，就是你好的意思。也有说chinois, c'estbon 的，意思是中国人好！大概就知道这些了，也不一定记得准。他们主动把粮食和蔬菜搬到我们车上。由于工作特殊，基本上没什么交流。

三年中，我给陈毅元帅、中华全国总工会主席刘宁一、王平上将、方毅、陈慕华等领导理过发。"文革"时期，回国到外交部工作，当时有一种说法，主要是看一看"文革"，感受灵魂。之后，我还去过东非的坦桑尼亚大使馆，当时我在经济代表处，就不理发了。在招待所当管理员，接待小型代表团，如球队、文艺团队、各行业专家……

下辈子还剃头

王树德,1934 年生,林亭口镇小靳庄人。17 岁去天津河东区"永兴理发店"学徒。出师后,曾随天津戏曲学校康万生、杨乃鹏、马万民、邓沐玮等京剧演员跑戏园子,给他们理发。参加过全区、全市、全国技术交流,并多次获奖。他说:三教九流不如剃头。

采访时间:2015 年 8 月 18 日

我 17 岁那年,老家发大水,我父亲找亲戚宗庆余把我介绍到天津河东区郭庄子大街"永兴"理发店学剃头。掌柜的是王卜庄三十家子的刘嵘,当时店里有十三个人,他们来自三十家、六各庄、邢庄子……都是宝坻人。

掌柜的派了五个师傅教我剃头。一个是三十家子的紫旺,另一个是蛤窝的王清,一个是六各庄的杨德岭,还有三十家子的杨德贵和王指挥庄的宗庆余。理发店分男女部。我和师兄邢各庄王子华,师弟郭占山一块学徒。开始白天不教我们剃头,先让我们

当年师傅就是这么教的

做饭、扫地。按照一人一天4毛钱的标准。几位正式的师傅早晨吃嘎巴菜,馃子,掌柜的和我们这些学徒的吃窝头和豆腐脑。中午一起吃,熬白菜粉条,一人一大碗,窝头随便吃。当时没有蒸过窝头,都是老板娘教我们的,她让我们慢慢学,不准糟践棒子面。一般都在晚上学技术,用筷子练腕子,四棱架架好了,膀子端平了练。过去说:

三教九流,不如剃头。
五行八作,不如焗锅。

理发店的对面有个点心铺,叫"信成斋"。里面有站柜台的小伙计,我们几个徒弟就给他们剃,拿他们练手。后来师傅教我们烫头,这活儿不好学。结果有一回,来了一个妇女,让我给她烫头。当时是用火钳子,因为头一次烫头,心里发虚,结果钳子烧得太热了,把那女的后边的头发烫掉了一绺。我赶紧跟师傅说行话,开了。师傅问:马前马后?我答:马后。说完我就跑了。后来是师傅接过烂摊子,鼓捣了半天也不像样了。后来师傅替我给人家道歉,好说歹说,给人家剪了一个齐眉短发。到了晚上,师傅罚我拉架式,直到腿和胳膊麻木为止。

这种事情时常发生,其实掌柜的最注重人品。所以学徒先教嘴稳手稳,掌柜的有办法。比如用钱,我上面有个师兄,小名叫小四儿,与掌柜的同村。开始掌柜的非常相信他,买菜的事全交给他。但是这个小四儿心眼歪,每次买菜都向掌柜的多要钱。多要不要紧,你倒是买些好菜,每次都是买贱卖处理的。要不你就多找回钱来,这两样,他一样也没做到。掌柜的对他不放心了,冲我说,下次你去买菜,小四子不可靠,总想捞点儿油水。之后买煤、买柴,只要是花钱的地方,掌柜的都让我去。我从来也没有打这些钱的主意。

学徒一般三年,我不到三年就出师了,出师后就拿到7成,这已经很不容易了。每次分钱,都剩三毛两毛的,没法分。掌柜的说,给拴头(我的小名)吧,买双袜子穿,每天跑东跑西买东西也不容易。后来掌柜的派我做外活,大陆橡胶厂、大直沽酒厂、幼儿园、戏校、戏园子……当时的康万生、杨乃朋、马万民(马连良之孙),天津戏曲学校的邓沐玮,我都给他们剃过头。他们当时也年轻,还不如我年纪大呢。那时戏校分为京、评、梆三个曲种,京剧、评剧、河北梆子。也给河北省干校的人剃过头。

公私合营时,开始"打虎"运动,把掌柜的打下来了,我去了"津沽"理发店,干了三年多。其间,我每年都参加天津市技术交流,拿过第八名。有顾客专门找我理发。当时外交部要理发师去加拿大大使馆工作,领导推荐我去,我没去,我觉得我的技术还是不过硬。

之后我被调到"华林"理发店，去过北京"比武"，当时叫"传经送宝"。去了北京三天，比武先抓号，后理发，最后再评。评完后，管理和平区理发的领导冯金福、冯金昌还有王子贵，给我发了钢笔、本、奖状，给我闺女一个纪念章。

我临退休那年，我的徒弟当书记了，别人说，别让师傅总圆坟儿（剃头）啊。我徒弟就让我管理一家旅店，干了一段时间，我想我已经退休了，就别不拉屎占着茅房坑了，况且，我父亲在炕上瘫了三年，于公于私，我也该回老家了。于是我写了退休申请，这次徒弟同意了。

父母没了之后，我又开始剃头。这次是骑车下庄剃头，东圈、西圈、大靳庄、大米庄……哪儿都去，由于过度劳累，我还吐过一回血。我在收拾剃头工具的时候还想呢，这剩下的日子，我是剃不了头了，来世一定接着剃头。

名角儿

王耀德，1928年生，林亭口镇尹庄子人。15岁在天津"华明理发店"学徒。出师后，专攻女活。手卷、电烫样样精通，曾给新凤霞、鲜灵霞、六岁红等戏曲名家名角烫发。

采访时间：2015年9月11日

1943年，我15岁在天津和平区荣吉大街甲级店"华明理发店"学徒。老师是南方人陈怡九。楼上是女部，楼下是男部。店里有四十多人，有徒弟、厨师、搞卫生的……光徒弟就有十四五个，宝坻人有十来个，有王玉金、王耀先、郝万通。我学的是女活，主要是手卷和电烫。那会儿日本子还没投降呢。吃的是棒子面，蒸熟后都是紫色的，吃着苦着呢！日本兵也去店里剃头，他们不穿军装，全是便衣，所以师傅嘱咐我们，说话要小心。日本兵的营房里有理发师，到外面剃头主要是看看你听话不，要是看到谁瞎说，立马就抓起来。他们会说一句半句中国话，我给他们剃过头。

我在甲级店『华明理发店』学徒

等日本投降后，来了国民党，换汤没换药，也那味。伤兵剃完头就走，不光理发店，下饭馆也不给钱。要钱抄起拐杖就乱打。女人大多是妓女，捯饬得跟普通女人不一样，她们都是手卷或电烫，完事后，一般都多给我们钱。中华人民共和国成立后，国家就让她们解散了，有病的给治病。当地的"说儿"（有头有脸的人，此处含贬义）不捣乱，来了以后，你就大爷二爷称呼着，他们对理发的、澡堂子里的人不欺负。把他们伺候舒服了就行。

我在公私合营后入了党，当上了门市部经理。还是在老地方，当时店里一共有五十多人。我曾给新凤霞、连小君、鲜灵霞、六岁红等戏曲名家名角儿烫过发。她们一般都上理发店来，烫头不挑剔，演出时戴上头套，不影响演出效果。

1962 年，我响应国家号召，支援农业回家务农，一直到现在。

战场上的剃头匠

　　张起富,1923 年生,林亭口镇东王庄人。17 岁去天津"德胜
理发店"学艺。解放战争期间,赴冀东军区教导团专职理发;抗美
援朝战争打响后,调到 46 军司令部专职理发。曾给邓子恢、萧全
夫、詹才芳、杨梅生等人理发。

　　采访时间:2015 年 8 月 23 日

　　我是属耗子的,1923 年出生。1947 年拉大队时期我 24 岁,那
会儿我入伍当了兵。之前,17 岁时在天津的德胜理发所学习理
发。在北大关关下穆家胡同。掌柜的姓杨,叫杨俊山,老家是宝坻
糙甸王指挥村的。当时教我的师傅姓孟,叫孟庆寿。他是北京人,
他有两个徒弟,大徒弟叫宋贺年,也是王指挥的,我是他小徒弟。
我学徒学了三年。开始先学做饭,买东西,洗衣裳,洗大手巾,擦
镜子,打扫卫生,生炉子……这些都是我的事。因为我是小徒弟,
主要是给人家干活。后来开始练胳膊练腕子,练刀子,练推子。当

时每天天还没有亮起来，因为天冷，披着褥子去河北大街粮食店排队买粮食，晚了就买不着了。给点儿棒子面搭点儿白薯面，有的饭馆都是饹饹头。当时吃白面犯法，吃大米也犯法，是日本人规定的，不让你吃饱了，怕你有力气起来造反。当时在河北大街排队的人有很多，还有很多中国人在那里看着中国人，维持秩序不让打架，日本子很少露面。当时我们的理发店，在北大关小胡同里，来的都是老百姓，小手艺铺的人。日本人没有来过，离我们远，他们在海光寺那边。师傅对我挺好，不虐待不吓唬我，甚至让人家先吃他后吃。出师以后也在那里待着。当时挣工资，每月挣30块钱，那时候30块钱连买双鞋都买不了。去小手艺铺剃头，不给现钱，剃完了写账，那叫折子活儿，就是盖了戳子给掌柜的算账去。那时候的钱，叫准备大票，是中国联合准备银行出的钱，都是日本人的钱。1947年，国民党来了，国民党的钱是中央银行出的。

剃完了写账，那叫折子活

我在 1947 年春天就家来了。原因是我手艺不太好，老在店铺待着就不算出师。回家的路上，我们庄有个叫黄甫的老爷子，他是拉脚的，他看到我，就喊，老兄弟，顺便把你拉家去。他和我们家在一趟街住，他赶小车。到家后，我爸给钱。那时候咱们这里是解放区，天津是敌占区。

回家一个月零十天，就赶上扩军了，全县征兵。我们庄人挺顽固，不愿意参军。每天来不少人在我们庄吃，叫吃大户。人家给村里一辆小车，给一个大船，还给 20 亩河滩地，还给 20 袋麦子，给这么多东西，我们也不去报名。最后想通了，参军了。18 岁到 40 岁都去，那时候得有二十多人，到宝坻一挑，挑上 10 个，也有不愿意当兵的，就回家了。我就乐意当兵，当时从启庄到宝坻，开始到北史庄子、上辛庄子、朱庄、网户，当时是赵志邦带队。

当时要解放东北，需要征兵。因为收麦子，村里让我们去林亭口镇上，自己拿着饽饽，拿着水壶，拿的咸菜，给人家薅麦子。其间，先头部队先走了，我们晚了一大步。我们就在后面追，到网户追到大部队，第二天上六各庄，在宝坻城里待两天去丁家套，在丁家套呆几天又去了三岔口，在三岔口待几天就去了蓟县。过玉田到丰润县，在丰润县杨谷塔受训三个月，成为一名正是军人。那时候叫冀东军区 30 团，团长叫贾子华。在丰润县过的八一，过完八一就走啦，到东北分到九纵队，不是正规编制，后改编为 46 军，第一任军长叫詹才芳，我在 46 军 30 团 1 营 1 连 1 排 1 班当战士。

第一仗杨家杖子战役，在葫芦岛附近。感觉打仗比练兵好。打仗让你干啥你干啥，让你上哪里就上哪里。有连长有排长有班长，当时是听班长的，服从命令为天职。当时打仗也害怕，不许随便放枪。给一杆大枪10颗子弹,5颗子弹都长绿锈了,5颗好的是放枪的。5颗好子弹搁在口袋里装着。成天点名,班长排长都看着,那子弹你咋没背着,我说子弹搁里装着呢。一包一包的子弹都很长,用布包着,拿线缝的,分量很轻,其实都是麻秆做的,为了吓唬敌人。杨家杖子第一仗,我们连没跟敌人接上火,三连跟敌人打上了。完了以后又待了几天,我们又行动了,到铁路附近,铁道大翻身,把枕木起下来,把铁轨埋了,把电线剪断,电线杆全部拉倒……破坏交通。我们打仗的地方叫作皇地车站,我在行军的时候,主要背手榴弹。一直到打仗也没有给我枪,就在前面扔手榴弹,不能在后面,会把自己人炸伤的。这一仗打下来,枪多了,伤员也多了。班长说,张起富给你一杆大枪,我说干啥,给你枪啊。我说不要,给我大枪干啥使啊。你咋不要啦?我说扔手榴弹这活儿我包了,就干这活儿,你们谁也甭管,我不要枪。

不行!你是兵吧?我说是。是兵就得有枪。枪的种类很多,有马四环,趴栓,三八大盖,当时的三八大盖是缴获日本的。什么枪都有,子弹也有。那时就没想活着回来。当时就听子弹嗖嗖嗖飞啊。没几天,我调班了,扛机枪,给人家扛着机枪。人家老战士会放枪,我就管扛着,机枪一共有三个人,两个扛的,一个管开枪。铁道打完了,我们就打朝阳县。我在机枪班,管着新人。装子弹,打机枪。就用手压,往卡盘里倒油,不倒油会卡壳的。倒杏核油。这些战役都属于辽沈战役。大城市打不着,先打小地方。朝阳离锦州还挺远的呢,由远到近,都属于辽沈战役。朝阳打完了,也就五六天,就打义西(义县西)伏击战。国民党军队准备去北票,再去朝阳,得先过义西。结果到了义县西,刚过大良河,就被咱们的部队给包围了。他们是小部队,进了咱们的口袋,挺狡猾的。他们的军长是侯静茹，他是92军，后来去了北京。

打义西伏击战的时候把我累坏了，每天都咳嗽，得了气管炎。眼看就该打营口了，部队还得执行任务，就叫我休养了。接着的战役就没有再参加。老战士们说在那里收拾了国民党5个师，他们一共才10个师，我真后悔。

休养的时候，有时住医院，有时住老百姓的房。后来部队一考虑，这病号怎么弄呢，就从老百姓那里买头小毛驴，驮着我一直到了丰润北遵化东边的迁西县。休养完以后就待在了那里，1948年，我在冀东军区教导团，教导团专门管训练排长班长。我在那里专门负责理发。

给官兵们理发，最大的官是第四野战军的政治部主任邓子恢。后来又把我调到了46军军部，军长是詹才芳，没待几个月就调走啦。后来换的新军长叫杨梅生，后来又调走了，新来的军长叫萧全福。

抗美援朝的时候我在46军司令部，也叫46军志愿军，军长

战争时期的张起富

即是萧全福。当时是1952年，主要给当兵的剃头，还给战斗英雄剃头。当时我们军有一个营长他是战斗英雄，有一块战斗英雄的牌子。在战斗中，敌机扔炸弹把我炸伤了，就回后方休养了，休完养就回国了。身上有很多伤疤，还立了功。我的立功证上有林彪的签字。

锻炼身体

抗美援朝回来以后就接着种地，不剃头了。给我安排过工作，每天开会记录讨论汇报总结，我文化

庄严的军礼

低，干不了，1953年11月16日，就自愿回老家了。

高校剃头匠

陈德杰,1940 年生,大口屯镇树尔窝村人。16 岁在天津北站学习理发。1982 年,被北京钢铁学院工会聘为专业理发师。曾经给世界钢铁大师柯俊和魏树昆理发。

采访时间:2015 年 8 月 7 日

16 岁小学毕业后,我去天津北站和二哥陈德敏学理发。出师后,跟着二哥、姐夫走街串巷夹包剃头。那会儿还是人民公社(大集体),不让单干,把人都归拢起来了,我们被归到天津京津桥下坡的一个理发部。经理叫倪志福,他把我分配到张兴庄,跟一个姓许的师傅继续学习,后来我又到北京培训,从一些技术的细节上又提高了。

1982 年,北京科技大学工会聘请我给大学里的老师、家属、学生剃头,当时是合同制,房租便宜,理发也便宜,水电不花钱。一个头才三毛钱,当时在外面得四五毛钱。

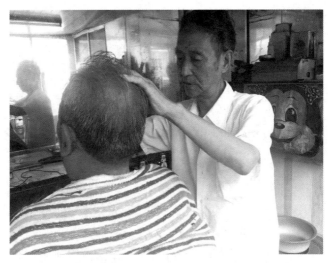

我十六岁在天津北站学习理发

　　他优惠我，我优惠他，给学生谋福利。一个月挣四五百块钱，那时有一段顺口溜：拿手术刀的不如拿剃头刀的。谁说剃头是乞丐做的生意？一九九几年（忘了具体时间），房租由每月20元涨到每月40元又涨到每月80元，我的理发价钱也得涨。原来房租一年几千块钱，我还有剩余，那会儿是我和两个闺女、两个儿子，还有我二姐夫平分。最后涨到将近两万来的，我们就接受不了了。家里的老人又需要照顾，到2001年，我就回老家树尔窝了，儿子、闺女在城里租房子，开理发店。

　　我也舍不得手艺，家里看我也闲不住，就让我来城里开了这间"陈记理发店"。到现在干了十一年了。连早先算在一起，我干理发也有五十多年了。

　　在科技大学，校长、教授都找我剃过头。有三位教授给我的印象最深。

　　北京科技大学的前身是北京钢铁学院，柯俊是世界有名的钢铁大师。另一位教授魏树昆是由天津北洋大学调过去的。在魏树昆100岁生日上,他说,我把我一生的精力,都要贡献给祖国的钢铁事业……柯俊基本不讲课,经常到国外交流、讲座。

他们说话和气,没架子。

比如,魏树昆进来了,看到我那儿做着活儿呢,他就坐在一边,从我这屋的书架上拿本书,边看边等。那会儿工会专门给我的理发店订了好几样报纸和书刊。学生也跟教授一样有涵养。不像没素质的人,一进来就侃大山,乱哄哄的。知识分子有素质。时间长了,我这几个孩子也受到了影响。再说魏树昆,比如他排到第四五个,有的学生不认识他。我就说,魏老师那儿挺忙的,您先等会儿,先给魏教授理了吧。要是认识魏教授的,不用我说,都让教授先理发,说明学生对他的尊敬。魏教授就谢谢那让座的学生。魏教授是小背头,不讲究,差不多就行。

柯俊头发少,就几根也得留着。柯俊总拿他的头发给我们讲笑话。学校想放电影《三毛流浪记》,当时柯俊说,你们都别去看了,看我吧。逗得学生们都笑了。非常幽默。

还有那个由英国回来的陈教授,他做活专门找我,不用我那几个孩子。他的头发好,大背头。他有五个闺女,叫"五朵金花",陈教授从来不把生日告诉他的五个闺女,岁数也不说。结果她老闺女冷不防问了一句,爸爸,您生我的时候多大岁数?他一下子说了。这也是他的闺女找我的闺女理发时说的。

关于学院的学生,有几个给我印象挺深。有一个南方的小孩,刚15岁。我说你刚15就上大学,我不信。他说我妈是老师,我5岁就跟着我妈去上课,结果课也没落下,开始就上四年级,又赶上五年制,上初中、高中还跳班。上大学是正式考上来的。小孩拿奖学金,挺质朴。

还有一个学生,小男孩,东北的,学生会干部。要人儿有人儿,要个儿有个儿,要知识有知识。快毕业时,各单位都来学校招生,结果被外交部的一个部门相中了,他不去。我问为啥,多好的地方啊,有多少人想去还去不了呢?这是铁饭碗。他说我的志向不在这儿,我爸爸在东北开医院,想让我去帮他,我都没去。我想自己创业,不依靠国家和父母。这孩子多有志气!

关于行规:俗话说人不亲,刀把子亲。有一个宝坻老乡叫牛万全,在东北把日本子剃伤了,待不下去了。来到北京一家理发店,进门道一声辛苦,人家就明白了,这人需要帮助,得搭把手。当然,时间长了,人家得看你的活儿咋样。咋考呢?比如说人家正干着半截活儿呢,不直接说考你,人家说有别的事情,您帮我一个忙,给这位客人剃完了。估摸着差不多了,老板回来了,一看可以就留,不可以就婉言拒绝了。

关于放睡:我在北京的时候,卫生法已经规定不让放睡了,

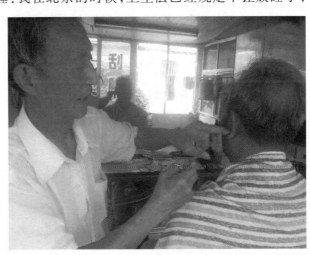

示范掏耳朵技术

不起眼的小门脸

因为"耳不掏不聋，眼不打不瞎"。

现在理发和以前不一样了，年轻人追时髦。开始我的孩子们用的都是"陈记理发店"这块牌子，结果老人多，新顾客少，所以孩子们都算是跟上形势吧，干了"飘剪"。我就守在这儿，给老弟兄们剃头。我在北京那会儿，房子才一千多元一平方米，我都没买。我不后悔回宝坻。人就得心态平和，你有800平方米，睡觉也就是这几平方米。要想生活好，得真正心态平衡，只要活着就得天天干工作。今天挣五十，花二十，存三十，也是享受。我们服务行业不能兑汤，剃好了，一扒头发一看，就是活广告。像我儿那里，活儿多着呢，都是老年人，刮胡子的多，一般年轻人不会，现在刮胡子是一种缺口。

剃头这个行业要讲艺德和技术。人要没有这个德，我个人认为什么都没有。老师讲过，要一视同仁。你不能说看到要饭的进来了就好歹剃剃或者嫌脏不给做，那不行。我经常告诉我的孩子们，干活儿不能有高低贵贱之分。

传艺

　　将剃头技术毫无保留地传授给徒弟，让他们把老祖宗留下来的传统手艺传承下去。剃刀时代，是何等兴旺，无论是师傅还是徒弟，都把给别人剃头当成一种责任和义务，师傅教起来有热情，徒弟学起来有激情。然而，后剃刀时代，随着美容美发的兴起，这件事情，太不容易做成了。他们担忧的事情已经来临，他们已经有了危机感，但他们坚信：剃头匠和传统手艺不会消失。

放 心

　　马树信，1936 年生，黄庄镇黄庄人。19 岁去"天津反修理发店"学徒。出师后任基层店经理。60 岁退休回家，在大队部义务理发，其间将手艺传给同村李友，放心安享晚年。以下是马树信的老乡吴树华的口述。

　　采访时间：2015 年 9 月 13 日

　　马树信是在 1951 年学的徒，在天津市河东区西关街"反修理发店"。我上他那儿去，他正骑着自行车回来。我问他干啥去着？他说开会去着。那会儿他是基层店的经理。他把我让进去了。我看到，店里有七八个人，两排凳子，十来盘椅子，当时理发店的大小以椅子的盘数衡量。男女活都有。师傅们听口音全是宝坻人。还有一个五十来岁的女理发师，那小剪子使得跟编花篮似的。马树信说我一天到头就是开会、学习，回来后，再给他们开会。他 60岁退休。

吴树华口述

　　当时我们队开了个小理发棚，主要是为了方便老百姓。我们就把马树信请过来，和他一起干的还有李友，岁数不大。结果，李友好钻研，经常请教，马树信也喜欢这样的年轻人，就把他当成徒弟。师傅真教，徒弟真学，没半年，马树信就把理发技术全传授给李友了。马树信一看李友技术不错了，就放心了，于是就把理发店交给了他。只是在年节的时候，怕李友忙不过来，就过去帮帮徒弟忙，也不要报酬。

担 忧

马文琴,1964 年生,方家庄镇杨家口人。21 岁在宝坻"新天津理发店"学习理发。坚信"师傅领进门,修行在个人",无论是刀子活儿、推子活儿还是剪子活儿样样精通,烫、染、焗同样一流,然而她却有这样一种担忧:传统技艺面临绝迹。

采访时间:2015 年 8 月 4 日

我 21 岁学徒。1985 年底,那时宝坻的理发店还不多,只有几家像模像样的理发店。我一开始在厂子上班,在杨家口帽厂。我对象是城里的, 在西关娘娘庙。我对象他舅建议我去学点儿手艺,结了婚到城里也好自己创业。

我就去了当时的新天津理发店,跟赵宝贵师傅学徒。当时挺严的,给我们讲理发的要领,然后告诉我们,师傅领进门,修行在个人。当时跟我一块学的,我的师姐,老家是大白的。刀子、推子、剪子……男活、女活都学。我学的时候主要是女活,包括剪吹烫

一丝不苟

染。过去没有焗油，就是染发。用的是一种化学的药面。装在小玻璃瓶里，药劲特别大，对皮肤伤害挺大的。学烫的时候，师傅把头样子给我们，分给一撮头发，没事就练。头发抹上药水（冷烫精），绑在椅子上，得在没事的时候，只要有理发的顾客，我们就站在师傅旁边看着怎么理发。师傅一边干一边给我们讲解理发时需要注意的各个环节和要领。过去的烫头和现在最大区别是烫完了，得做大花（空心卷），现在很少了，卷上可以带着它出来进去的。现在烫大花的基本没有了。烫完了，干了以后，用刷子一通，特别蓬松，也不用吹风。我学了一年多一点儿，出师后，跟师姐张素芬在北城墙鱼肉市场开了一家"姊妹理发店"。我们在宝坻女的开理发店的就算是早的，干了将近三十年。女理发师跟男理发师最大的区别是有耐心。我以前脾气挺大，通过干理发，把脾气几乎磨没了。别管碰上多难伺候的客人都得有耐心。为啥？理发师傅是服务群众的。我在康记理发店就碰到一位女顾客，二十多岁，脑子好像有些问题，第一次是我给理的发，她也没说啥。

第二次来了就说,我还是理上次的样子。就是过去挺流行的短蘑菇头,现在几乎没人剪了。因为和之前已经隔了几乎半年了,我也记不清了。我问她,上次我给您剪的是啥头型?她说就是蘑菇头。等我剪完了,她急了,说跟上次不一样,说着,噌地从椅子上站起来,你这样给我理发就不行!我说您总不来,我确实也是忘了,给您道歉了。她突然骂了我一句,你楞嘣(不靠谱)啊!我的火腾地烧起来了,可又想想,我是做服务行业的,啥人没见过,跟一个小闺女犯不上动火。于是我就给老板使眼色。他过来说,师傅别着急,你想理啥样的?我们尽量满足。师傅接过去了,一边理一边说好话。

过去理发讲的不光是技术,更重要的是人品上的修炼。赵师傅总教导我们,理发,第一要有时间观念,早晨头八点必须到,到这儿必须打扫卫生,如果没有客人,别等师傅催,自己抓紧时间练习。第二是学的时候必须认真。比如烫头时,这个弯怎么走?学理发不是告诉你就行了,主要是实际操作。过去用的电推子,可以变压,上面有变压器。现在的是直给。过去的不好使,必须一天一调试,大梁、推子板、开关等部位有时候都得拆下来。时间久了,也学会磨推子了。

在九几年的时候,洗头房特别火。干洗,基本不会理发技术,就是包装。传统理发受到冲击,几乎崩溃。可我还是坚守,我想社会上还是正经人多,我们要不干了,对不起老祖宗,也正好给了那些人制造了变本加厉的机会。

义不容辞

康进章,1968 年生,方家庄镇大角甸人。回忆了父亲康柱丰作为一名老剃头艺人从德艺两个方面对兄妹几人的影响,自己决心继承父亲的遗愿,将剃头技术传承下去。

采访时间:2015 年 7 月 30 日

老字号

我叫康进章,1968 年生人。"康记理发店"是我父亲留下的。我父亲叫康柱丰,1926 年生。他 16 岁离家学徒,公私合营后,被留在天津南开的一家浴池理发。他经常给我讲他剃头时的故事。他给日本人剃过头,日本男人都留仁丹胡也叫卫生胡,结果他刚出师,不知道胡子的重要性,翻译官很坏,故意没告诉他,结果把胡子刮掉了,差一

讲
父
亲
的
故
事

点儿被枪毙。

我父亲拿麻放睡样样精通。他经常说，剃头要四面光，毛要顺，用手一摸不扎手。还给我们讲过，给老和尚剃头，由脑门到后脑勺必须一刀下来，不介，他就跟你急了，然后再剃别处，这叫"开山门"。

我父亲在1980年退休，在老街开了康记理发店。我们弟兄姐妹四人都跟他学习剃头，现在都在干理发。

父亲对我们哥儿四个特别严厉。有一次，父亲在教我们剃头要领的时候，我由于年龄小，贪玩儿，结果父亲考我，进章，你给我讲讲进刀的要领。我没有回答上来。父亲抬腿狠踹了我一脚，我仰面栽倒，从地上爬起来哭得像个泪人似的。我反驳他，你整天就教我们这些简单的东西，我们不需要！我要真真正正给客人剃头。父亲的火气消了一些，他转身坐到椅子上，不用给客人剃，你就先给我剃吧，能让我满意，明天就让你出师。我说你得说话算数。随后用脸盆端来温水，先给他洗头，洗完头，拿起剃刀就开

工作场景

始剃头。结果就还真的忘了从哪儿入刀了。靠在椅子上的父亲悄悄摸了一下头顶,我才恍然大悟。剃着剃着,血流出来了,感情我把父亲的头皮片去了好几片,跟头把式地对付下来了。父亲从椅子上走下来,已经大汗淋漓了,我流的汗比他还要多。父亲说,我出汗是被你剃的,感觉就一个字:疼!你出汗肯定是紧张,给人家剃坏了不知道怎么处理,这不行,你要赶紧停下来,给人家赔礼道歉的同时征求人家的意见。我说,老先生不是说,拉了口子抹油泥就行了吗?确有此事,关键这是新社会,更关键是你没有去做。他说,老先生的传统不能丢,但是有些糟粕性的东西该扔就扔!从那以后,我彻底服了父亲,开始刻苦地练功了。

如今,我们完全领会他的一番苦心了。我现在用的这些椅子,还是父亲留下的,一九五几年的,经常刷漆,叫万年牢,都是铸铁。如今我们家有了第三代和第四代传人,一个是我侄儿,叫康刘战,一个是我儿子,叫康伟。康刘战留在我这里工作。康伟年龄小,学完以后,我又让他又去唐山学习了时尚美容美发,如今他把传统与现在的理发技术相结合,也在宝坻开了一家美容美发店,生意非常火。

我们的理发店始终坚持传统,不光是从技术这方面,就连里

康进章的侄子康刘战

面的摆设也没有花花绿绿的东西，更不允许我的店员借理发之便销售东西。类似一些特殊服务更不能要！规规矩矩，脚踏实地。早先我的一个朋友劝我开洗头房或加点儿花儿，让我说了一顿，结果半年没登门。后来他过来了，他说，还是你这里待着踏实。那些破地方，可没少在我身上赚便宜，我的钱花得冤呢！

带徒弟

杨庆海,1931 年生,大白街道大白庄人。16 岁在天津和平区"华美理发店"学徒。公私合营后,被调到和平区服务公司的一家街道,负责为全区各街道培养女理发师,以便服务老年人。

采访时间:2015 年 9 月 5 日

这是我的营业执照

我十来岁的时候,随父母去北口外,也就是河北省围场县锥子山,去接手祖父置办的财产,一间杂货铺。那会儿还是抗战时期。打败日本人后,我们就回家了。然后,我16岁在天津学徒,在彭元庄刘桂山开的华美理发店学徒。在天津市和平区耀华学校附近。那时候,日本人回国之前,男男女女、老老少少聚在一起,唱中国歌,具体是啥歌,为啥要唱歌?我就知不道了。理发店里有四个师傅,合股的买卖。其中有范庄子的宋国义,还有一通州的。学徒的有小宝庄岳秀林,还有一位是通州的,名字忘了。我们三个徒弟啥都干,不到三年,可以做活儿了,就能挣一点儿钱了,每剃一个头,我拿个一两毛钱。岳秀林女活好,在楼上。我在楼下,做男活。

18岁的时候,年轻,敢闯。我去河东自己找了一家理发馆。那时候,我们村的霍永旺也在天津剃头,他还出过国剃头。当时,他总找我,想让我去他那里去干活,他在河西区小白楼上海理发店。最后我调到了河西区,不是他那家儿,也叫华美理发店,是老华美,也是一家老店。那里就几个人,掌柜的是范庄子的姓刘。我在那儿干了一年多,1955年公私合营。我被调到三十多人的新中国理发店,有十几个都是宝坻人。理发店也叫门市部,先进的门市部。经理姓史,是宝坻周良那片儿的。那时候店属于河西区服务公司,书记叫刘子香,也是宝坻人。之前都是剃头匠。

那会儿,总是进行技术交流,比武,我每次都是河西区第一名。以后把我调到河西区的好些街道,专门教女孩儿理发,为街道培养女理发师,主要为了方便老年人理发。为了让她们早日出师,经常让她们练到很晚。开始女孩子们不愿意,我说,你们是想早一天为街道老年人服务呢,还是等到一年以后呢?她们说当然

营业执照

是越早越好。我说好，那就按我说的做。就这样，我每天负责把他们挨家挨户送到家，回到宿舍都是后半夜了。三个月之后，她们都出师了。其间，我一共带出十几名徒弟。

1962年，我申请回家。那时候我的工资是每月62块钱。打了好几次报告，才让我回家。回家后，在生产队当队长。到了改革开放，我又开了一个剃头棚，连名字都忘了，大概干了五六年。

军 旅

　　王志生，1936 年生，尔王庄镇高庄户村人。1955 年去杨村
理发服务社学徒，同年进入杨村部队团理发部。1962 年随部队赶
赴福建备战，由于技术好，当时每个连队都派出一名战士跟他学
理发，一个人教了 30 人。

　　采访时间：2015 年 9 月 28 日

　　1955 年，我去杨村找我叔王文海。那会儿杨村就是一个小
镇。我在杨村理发服务社学徒。学了几个月，杨村部队要理发师，
服务社领导推荐了我。那时一个团三个理发师。

　　我在那里一干就是七年，干得小有名气。一次，当时北京军
区政治部主任来我们部队视察，到了理发部，他点名让我给他理
发，他说试试我的手艺。理完后，跟我开玩笑说，果真名不虚传
啊。1962 年，因为理发技术出色，我被当时的天津南京理发店选
中，准备让我到那里去深造一段时间，然后就留用。理发界都知

1955年，我去杨村理发服务社学徒

道南京理发店的分量，去那儿工作，几乎是每一个剃头匠的心愿。我听到这个消息，当然高兴。部队领导也点头儿同意放人。可就在第二天，我觉得情况有点儿不对劲儿，所有的战士都在打背包。我向另外两个师傅一打听才知道，部队要出发了，去福建，准备阻止蒋介石反攻大陆的行动。我一想，我不能不去啊，不能让他们瞧不起宝坻人。于是我找到领导，要求去前线，参加战斗。领导一开始不同意，说这都和理发店说好了，军人得说话算数。我说，军人的第一职责就是打仗，保家卫国。虽然我只会剃头，但是到关键时刻，剃头刀子一样能杀敌人！领导说了句：宝坻人好样的！

大概是1962年的三四月份，我们三个理发师一行，由天津西站上车到上海倒车到江西。下大雨，待了一星期，到福州军区招待所。后随部队去福建前线。那地方离台湾很近，从对方的喇叭里传过来的反动声音听得真真儿的。那会儿，我真想拥有法力，把剃头刀子甩过去，戳穿那个破喇叭。

我由于技术好，每个连都派出一名战士，我一个人大概教了三十多个连队的三十多名战士。主要教用推子推光头。因为战斗一旦打响，有战士受伤，推了光头容易包扎。可见当时的局势紧

理发为广大人民群众服务

张。教了几个月,我带着我这三十多个徒弟下连队剃头。一晃到了八月节,部队上给每位战士发了月饼,还没等吃呢,传来命令,让班长以上的干部都去前线察看地形,回来后,召开了会议。转天,备战撤销了。

回杨村后,领导让我到军人服务社工作,我看到我那三十多名徒弟都可以了,也就放心了,就打报告,提前回家了。

改革开放后,我就在家里剃头。那会儿是两块钱一个头,不为挣钱,只想为父老乡亲服务。有时间练练字,弄弄花。

桃李满天下

赵宝贵,1950 年生,海滨街道人。17 岁进宝坻理发店学艺。1980 年,他到天津著名的"南京理发店"进修深造,1983 年,开"新天津理发店"1985 年,办班授徒,又是一个 20 年。其间共教授学员 2000 余人,他们来自全国各地。

采访时间:2015 年 7 月 20 日

1967 年,我 17 岁在宝坻理发店学徒。那会儿理发店所属宝坻饮食服务公司。我的师傅有孙玉祥、刘瑞祥。他们一开始教我练腕子,用梳子和梳子背儿练腕子的灵活性。练剪子时,他们告诉我只能大拇指动。过去的双手推子我也见过,一个手把住了,一个手动弹,相当笨。所以几乎没有师傅愿意用它,后来就淘汰了。

那时的理发店在原宝平医院北面。那时的工资每月都长一些,分别是 22.5 元、28.2 元、33.5 元、36.5 元、38.5 元。

客人一进门，先买牌，然后坐在旁边的凳子上，等着叫号。我们那屋有 17 个师傅。那屋有四间房长，两边的房山各 6 个座，靠西面、北面有 10 个座。西面有洗头的地方。我由出师就在理发店干，一干就是二十余年。直到现在，我还记得南边是宝坻照相馆，旁边是三顺饭店，现在老店已经不在了。

20 年当中，我还专门向师傅学习修推子、磨推子，我敢毫不夸张地说，我在宝坻修推子是一绝。当时，磨推子、修推子是脏活和累活，没人乐意干。师傅问我愿不愿意学，我二话不说就答应了，我明白艺多不压身这个理儿。学了有半年多，店里的老师傅就不干这活儿了，用他们的话说，我们有了接班人了，可以歇歇了。磨推子、修推子的活儿就全压在了我身上，同时，理发的技术也没有扔掉，因为我有一颗"野心"。

1980 年，我离开了宝坻理发店，到天津南京理发店进修，主

合影留念

要是深造理发技术。学一段时间,再去天津和平区西南角学修、磨技术,确实很辛苦。我在南京理发店的师傅就是当时在理发界大名鼎鼎的顾中源,他是十省市理发大赛冠军。1983年,我一边在南京理发店进修,一边在宝坻开了一家理发店,名字叫新天津理发店。那会儿,我是上边有师傅,下边带徒弟。

1985年,结束深造。我开办了理发学校,叫新天津美发技校,在宝坻是第一批,设快慢两个班,学员结业后发证书,学员来自全国各地。授课、实习在当时的宝坻饭店,和新天津理发店不是一个地方。办了20年。那会儿,一个班平均二十多人,平均一年毕业一百多人。快班45天(剪头),慢班半年(全活)。河北的席丽丽,小叶子……现在还在宝坻开理发店呢。可谓桃李满天下。为此,中央八套李浩来宝坻采访过我。

我现在主要是磨推子、修推子,连带修理其他理发工具。磨推子是一项要求非常高的技术活,要求心、脑、手、眼协调一致。开始用油石,后来有了磨刀机。

赵宝贵在机床前磨推子

陆景世等宝坻的老剃头师傅们都来我这里磨推子、修推子。

磨推子有说法,首先讲镗空儿,主要看板、牙勾……磨板是关键,开始用油石,后来用机器磨(用的是钢,不是砂轮),活儿非常脏,年轻人不愿意干。磨的时候得踏石头,用钢板,现在用车床,要留弧度。推子不好磨,是两片合一,两个必须磨一样了,要求非常高。

俗话说岁月不饶人啊!眼看奔七十去的人了,心里对一件事不踏实:真希望哪天有个年轻人找上门,跟我学磨推子、修推子的技术,我一定毫无保留地传授给他。

荣　誉

　　梁德义，1945年生，海滨办事处大道口村人。为把剃头这门手艺让年轻人传承下去，发扬光大，同时也是为让更多农村青年走上理发致富路，建起宝坻农民理发技校，先后培养200多名农村男女青年。

　　采访时间：2015年7月29日

　　其实早在我8岁上学的时候就会剃头，专门给老师给同学剃头。那时候我父亲梁永富教我练基本功。他说理发的时候必须站得稳，举臂平。我父亲给日本人剃过头，他的师傅就是因为给日本人剃头，让日本鬼子给杀了。当时日本鬼子一看他的手没有茧子。小日本认为，你的手没有茧子，就不是农民，就是地下党。

　　我高小毕业后去北京工作，在华北光学机械厂。工作一年后回家重新跟我父亲学剃头，那时候他在国营理发店，现在的宝平医院北边儿。

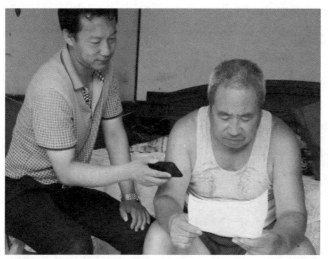

把心里话写出来，读出来

自述

学员照片

宝坻德义理发店经理—梁德义

德义理发店是宝坻县城最大的一家私人理发店，它的经理就是几年前还是农民的梁德义，在党的富民政策的鼓舞下，梁德义开理发店富了，但他有钱不乱花，当他看到数万人口的县城仅有一家国办幼儿园时，便于1987年投资10万元，在村头公路旁建起宝坻县最大的私人幼儿园。他专门招聘培训了4名幼儿教师、一名保健员，并按市教研进度和本地实际情况制定了幼教方案。设有语言、体育、美术、常识、计算机游戏等课程。当年10月正式开园，幼儿人员最多达190多名。

为让更多农村青年走上理发致富路，今年2月，经县乡有关部门批准，他投资1万多元建起宝坻第一所农民理发技校。到目前已有200多农村男女青年在该校领取了结业证书，这些学员不仅有本市的，还有河北、山东等地的。

（孙汇源）

刊发在《天津青年报》上的报道

　　出师后,我干了一段时间副业,积攒了一些积蓄,但是我还是放不下剃头这门手艺,于是,我在 1987 年开办了德义理发店,当时是宝坻县城最大的一家私人理发店。在党的富民政策的鼓舞下,我开理发店富了,但我有钱不乱花,特别想把剃头这门手艺让年轻人传承下去,发扬光大,同时也是为让更多农村青年走上理发致富路,1987 年 2 月,经县乡有关部门批准,我投资一万多元建起宝坻农民理发技校,先后有二百多名农村男女青年在该校领取了结业证书。这些学员不仅有本市的,还有河北、山东等地的。

　　但我看到数万人口的县城仅有一家国办幼儿园时, 便于 1987 年投资 10 万元,在村头公路旁建起宝坻县最大的私人幼儿园,并专门招聘了 4 名幼儿教师、一名保健员,并按照教研进度和本地实际情况制订了幼教方案。设有语言、体育、美术、常识、计算机游戏等课程。当年十月正式开园。幼儿园师生最多时达一百九十多名。

　　付出让我得到了许多荣誉,但这些都是党、国家和人民群众给予的。今后我还要在理发事业上做出更大贡献。

轶事

大千世界，无奇不有。宝坻剃头匠在奔波忙碌中，还给我们留下了一段段奇闻轶事，可见阅历之丰富。这些故事不大，但听起来是特别新鲜，耐人寻味，大多是闻所未闻，这就增添了故事的神秘感。但是这些故事，真真切切发生在他们身边。通过他们讲述的语调，突然发现宝坻剃头匠在枯燥的工作之余，懂得去调剂自己，懂得享受生活，即便在那个心酸的年代。

吸盘子

李中印，1934年生，牛家牌镇大宝庄人。因为家里发大水，17岁去沈阳和平区"雨亭阁理发店"，跟师傅冯玉学剃头。在师傅的资助下，开办"天宝理发店"，取义天津宝坻，让人们记住他是宝坻出来的理发师。

采访时间：2015年8月7日

由于我到大宝庄时，已经是傍晚了，我告诉联系人，大宝庄的负责人，我明天再去吧。他说老人已经在门口等你一个小时了。果然，来到他家时，一位老人坐在轮椅上，旁边一位中年妇女陪着他。见我来了，老人在轮椅上稍微动了动身子，指给我准备好的小板凳。我坐下来。中年妇女说，"我是他的保姆，他的两个孩子都很忙，所以让我来照顾他，你们不要谈时间太长了，老人得过脑血栓，记性不是太好了，说话也不能太多。这不，听说你要采访剃头的事情，他才来了精神，执意在门口等你来。"我听了，

说到这里，老人说不动了

很是感动。

确实如保姆所说，我问了半天，老人才想起一点点往事，我只能把这些碎片般的记忆拼在一起了。

老人叫李中印，牛家牌镇大宝庄人。1934年生。因为家里发大水，17岁去沈阳和平区"雨亭阁理发店"，跟师傅冯玉学剃头，师傅也是宝坻人。他说那会儿师傅的理发店档次高，设备好，所以客人很多。由于自己学得快，不到三年师傅就让他出师了，学完后就在这里干。他说，他没有遵从江湖规矩，学完手艺就得去别的地方。他宁愿总戴着学徒的帽子，守着师傅。师傅为人厚道，没多久就让他和他五五分成，他不干，他说师傅四六提成就已经知足了。他说，不管干啥，不能患得患失，要懂得感情，所以在他剃头过程中一帆风顺，主要是心态好。后来师傅让他自己开店，并资助了一些钱，他就开了"天宝理发店"，取意天津宝坻，让人们记住他是宝坻出来的理发师。就这样，他在沈阳一共干了三十多年。行话、行规原来记得，可现在脑子不中用了，全忘了。

他还给我讲了一个传说：八月节，月圆之夜，那里的人要拜月，也叫吸盘子，月光下摆一盘子，仪式有拜月、吸盘子、抢剃刀……为啥叫吸盘子？传说这个盘子是天上嫦娥的肚脐眼儿，在这一天掉到人间了，所以每到月圆时都要挨家挨户寻找。而且，需要一根女人的发丝穿起来，传说，谁是这个女人谁就有福了。所以在当地，每到月圆时，一个大家族围一院子，选女人。也正因为这个，闹矛盾了，谁都想做这个女人。连家族的长辈都没辙了。最后是罗祖下世，让剃头师傅来挑选发丝……说到这里，老人说不动了，直直地盯着我，眼神里似乎有几分愧色和遗憾。

保姆介绍说，平常老爷子没话说，你这一来，特别是聊剃头的事，他的话才多了。再说下去，恐怕会有危险。我与老人和他的保姆道别。可那遗憾的眼神还在。

可那遗憾的眼神还在

抢活儿

徐东升,1938 年生,大唐庄镇董塔庄人。16 岁,以二斗白高粱作为学费,拜本村徐广礼为师,半月后,经老舅马贤介绍,赴长春市西三马路自强街"连兴阁"理发馆学艺。记忆最深的是在长春庙会上,抢"扫堂"活儿。

采访时间:2015 年 8 月 27 日

我念到小学五年级想出去挣点儿钱,我和几个小伙伴跟本村徐广礼学习剃头。他原来在抚顺开过剃头棚,技术没得说。那时我们一共 5 个人,分别是孙晓斋、赵瑞林、高来春、徐东福和我。每人给师傅二斗白高粱,就算是学费了。学了半个月,我就给东北的老舅马贤写信,我说我在村里已经学会了剃头,我准备去您那里夹包剃头。我老舅回信说,你愿意来就来呗,吃饭没问题,就是住差点儿劲。我跟家一商量,父母哪儿愿意呀,最后拗不过我,还是让我去了。我那年才 16 岁。我到那儿一看,老舅租的果

我的故事可多了

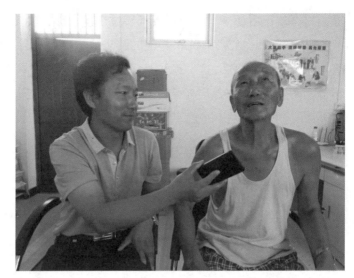

然是一间小破房。

老舅把我领到长春西三马路自强街"连兴阁理发馆"。掌柜的是大米庄的，叫王连阁，他是我老舅的师傅，同意让我住在理发馆。我白天出去夹包剃头，晚上去理发馆。每天理发馆到晚上九点钟关门，我每次都早去，帮着掌柜的打打下手，收拾一下屋子。等关门了，炉子早就灭了。我就在里面搭个铺，不脱衣服，还得盖个大厚被。受了一冬罪，可是想想有地方住就不错了。

干了一年半，也没挣到钱。主要是贪玩，玩累了，就去看电影。我是光明影院的常客，爱看《粮食》《地道战》等影片，那时的票价是每张票一毛五。中午在外边随便吃点儿东西。花一毛钱买张大煎饼，再花两分钱弄碟小菜儿，根本吃不了。有时候买块儿切糕吃。晚上到老舅那里吃，吃完又去理发店住。

1954年，正在建长春第一汽车制造厂。就看到四个大烟囱，一到晚上，就像四个大红灯笼，特别显眼。我常去宋家洼子、东大桥、七马路、三道街……整个长春都转过来了。有一次，给一位六十多岁的老人儿剃头，剃光头。他的脑袋瓜子长得凹凸不平。我把他的头发洗好之后，这一剃可坏了，一下子片下七块头皮。一开始还没流血，不一会儿血冒出来了，把我吓坏了。老头儿问，小伙子，你这个刀子是不是出事儿了？我这儿咋有点儿疼呢？我说对不起，给您拉口子了。老头儿说，没事，别害怕，接着剃，我看你是新手儿。我给老头儿的口子抹了点儿油泥，血止住了。剃完了，我说不要您钱了，我是初来乍到，您还得多原谅。老头儿说，不要钱还行，你这小孩儿大老远来的，不要钱不行！给你2毛钱。我说谢谢大爷，谢谢大爷。老头说没事。下次我头发长长了，你再来给我剃头，到那时候，看看你技术有没有长进？后来我没敢去，或者说不好意思去了。我还到过长春的一个寺院，我进去连门都找不着，直打转。里面的人烧着香，拜着佛。给他们剃头，钱给得多。别人2毛钱，他们给5毛钱。但是给他们剃头非常害怕，一个小和

做理发师时的照片

尚点着香，开始转圈，转了三圈，说行了，剃头吧。我也没敢问这转三圈是啥意思？剃完后，师傅告诉小和尚给钱，他就走了。小和尚给了我5毛钱。我说师傅你把我送出去吧，我已经找不到门了。

还有四月初六、十八、二十八是长春市庙

会。会剃头的都去赶庙会,在那里等扫堂的小孩。扫堂的意思是小孩子娇惯,得许个愿。一般都是到9岁,到庙里倒退着,折跟头,回来剃个寸头或圈头,后面系孩子红头绳儿,代表孩子没灾没病。那天,我们剃头的都在门口摆个小板凳。小孩儿一出来,我们就拽过去,大人就说,给我们孩子剃个头。剃头已经成为扫堂的一部分,一个头是一块钱。谁抢着谁挣钱,但是我们之间没有发生过争吵。

我剃了一段时间,因为不挣钱,就不剃头了。跟我老舅烤过玉米,买了50个玉米,烤熟了卖五分钱一个。结果只干了一个礼拜,因为没有卖出去。没办法,把剩下的用大铁锅一烀,然后挂在绳子上晾起来。后来我去了一家冷冻厂,做冰棍。那时候的冰棍儿有鸡蛋的、牛奶的。干了三个多月,受到乳化钙的影响,干不了活了。领导找到我,问我你还会啥?我说我会剃头。领导一拍大腿,你咋不早说呀,现在劳动局正找剃头的人,我给你开封介绍信。大体的意思是:我单位徐东升在工作当中由于腿部受伤,不能坚持工作,介绍到劳动局。本人会理发,请给安排。我拿着介绍信去了,不到两个小时就给分配到了机电安装公司。公司隶属中华人民共和国中央人民政府原第一机械工业部。报到的第一天,福利科陈科长就考我,你先给我剃剃头,行就留下。我拿起刀子,上下翻飞,一会儿就剃完了。他照照镜子,一拍我的肩膀,还行,明天上班吧!

理发部有五个人,都是上海人。组长叫唐金玉,对我不好。李杰人不错,见我剃头手艺不是太好,就手把手地教我。组长唐金玉巴不得我出洋相。干了一年多,又先后到了洛阳拖拉机厂、矿山机械厂和轴承厂,还是那帮人。有一年,行政科李科长让我写

转正申请书，因为转正后就可以调工资了，结果调得不合适。李
科长说，你们的评级不合理。组长唐金玉就问，为啥不合理？李科
长说，你们都是四五十岁的人了，还有啥发展？技术再高，也就到
这了。他现在刚十几岁，发展潜力很大，你们赶紧重新评。最后评
得合理了，又给我涨了一级工资，每月 46 块钱。1957 年，我又被
调到兰州第一石油化工机械厂，在办公室工作了半个月。我跟司

徐东升当经济警察时的照片

机一块住，他劝我学开车，说本
子下来可以挣大钱，结果没学
成。正赶上单位招经济警察，我
一看，大沿帽子一戴，冬天还发
棉袄、棉大衣，夏天两身单衣，所
以我就报了名，成为一名光荣的
经济警察。

从没漏过岗。那时候，背着
枪，威风。我在那里入了团，被评
为先进工作者。1959 年，我又去
了宝鸡第二机械工业部。后来调
到工会，跟着工会主席写计划、
标语，很轻松……

大杂院

李江,1927 年生,周良街道张岗铺人。1946 年,19 岁的李江在北京的一家寺庙改成的大杂院跟大哥李安学会剃头,感受到北京大杂院的生活……

采访时间:2015 年 8 月 14 日

好家伙,大杂院的生活……

1946年,我去北京当小工,在西单南府胡同,混不上吃。于是我就跟我大哥李安学剃头。白天当小工(泥瓦匠、铲灰),晚上跟大哥学剃头。就用我大哥的脑袋练,把他的大分头一天剃去一层,直到剃光为止。就算出师了。

那时我哥住的是大杂院,我就拿这些人练手,给全院的人剃头,白剃,大伙也乐意。那是座关帝庙,住着三四十家,天南地北,五行八作,铁匠、木匠、卖白薯的、卖粥的、卖老豆腐的……都是买卖人。那时有一个卖菜的,吆喝得真好听:萝卜白菜茄子豆角——我哥那屋住的都是剃头的,有宝坻的、有蓟县的。下雨阴天的,我帮这个帮那个往门外抬挑子。他们呢,把卖不了的东西给大伙分着吃,其乐融融。关帝庙里住着一个和尚,我们把房租都交给他。

到了春节我们都回老家,过完年再回来,我们的房东把煤就给准备好了。房东不是那和尚,地方是和尚的,房东是和尚的好朋友,帮助和尚打理事务的,是香河的。他在冬天卖糖葫芦,夏天

演绎当年挑扁担的技艺

卖卤鸡,他叫李万永。他救过我哥,那时赶上国民党抓壮丁,到我们院来了,我哥正想出去,房主赶紧把我哥藏在棺材里了。

我19岁那年,开始担挑剃头。我哥还教我几句顺口溜:一条小扁担,放在肩膀上,不扶也不歪,请你剃头来。开始,扁担不好挑,得掌握平衡,挑子不沉,剃头扁担不长,先得放正了,不行扶着,得打唤头,走得也快着呢!

经常去东城和西城,也坐电车去郊外。去长辛店,路过卢沟桥,我就数桥上的狮子,数着数着就忘了。后来我抓了一把黑豆,数一个拿出一个豆粒,结果豆子数没

师兄弟们合影

作者与李江合影

了,狮子还没数过来呢。

1949 年 10 月 1 日,令我兴奋的日子来了。我亲眼见证了开国大典的盛况。真是人山人海。马也多,红马白屁股,齐刷刷。我也不想剃头的事了。我离毛主席就不远,跟着人们高喊:"毛主席万岁!"

冬天就在马路边给外地民工剃头,洗完头就冻冰,刀子直打滑。

要问我剃头的收获,我想说是剃头让我见识了那个年代的景象。

日本媳妇

　　王俊荣，以下是根据王俊荣口述整理的。这段故事似乎与剃头无关，可正是在外剃头的岳父娶回个日本岳母，北里自沽人在抗战中，才免去被烧光、杀光、抢光的厄运。
　　采访时间：2015 年 9 月 13 日

　　在闹日本的那年头，就是因为老岳母是日本人，每逢村里面临大的灾难时，她总是出面替村里人求情，才保证了北里自沽人没被日本鬼子烧光、杀光、抢光。
　　我老岳父霍文基，具体什么时候去的东北剃头我也记不清了，就知道在解放前去满洲里剃头，还给张作霖剃过头。在那里他认识了一位日本女人，后来他娶了那个日本女人，她为他生了三个孩子，两个闺女，一个小子。抗战末期，他们带着孩子回了老家。大闺女嫁到当地了，二闺女嫁给了我，于是那个日本女人成了我的老岳母。遗憾的是，我并没有见过她一面，但是关于岳母

这段故事似乎与剃头无关

的故事我听了很多。

我们村有一座老爷庙，听老人们说，老爷庙完好无缺时，建筑布局为两进院，两正殿，四厢房。在两个正殿的大脊正中各扣一块黄色琉璃瓦，四厢房的正脊中间各扣一块绿琉璃瓦，非常漂亮。就是在这座美妙的庙里，小鬼子差一点儿制造命案。当时，日本子把村公所的几个干部绑起来，要他们供出村里的地下党，可是几个人真是硬汉子，任日本子鞭抽棒打，就是不说。气急败坏的小鬼子要给他们灌辣椒水。危急时刻，我岳母赶到这里，用日语和他们谈了一会儿，几个鬼子这才背起枪，不情愿地离开了。村里人问她，和小鬼子说了些什么？我岳母说，他们都是我的亲戚，是良民。

在北里自沽村，有过年请祖宗的说法。我们村的李良福是区小队队员，那天，他也去坟地请祖宗。虽然那时候穷，但还是能放几挂鞭炮，所以坟地里鞭炮声响得跟爆豆似的。当老百姓正沉浸于这种仪式里时，日本鬼子悄悄从村南扑了过来。李良福见事情不妙,掏出手枪向天上打了几枪,目的是给村里的其他区小队队员报信,可是枪声混在鞭炮声里很难分清,李良福撒腿就往村里跑,挨个给队员们送信。日本子就在后面追。为了不连累乡亲们,李良福他们一起往村北撤退。日本子拼命追。并架起机枪扫射,他们就跳到土窑里面去了。机枪打不着他们了,日本人把六〇炮架起来了,这要一轰,就得把人炸成灰儿。关键时刻,还是我岳母挺身而出,为他们说情,他们才获救。

还有一次,臭名昭著的老柴崎亲自出动,带着日本兵清乡。他命令日本子把柴火抱来,围住村庄,要火烧北里自沽。村里人就把我岳母请来了,让她跟日本子说和说和。那时候,传说我岳母跟柴崎有亲属关系,这个我也不敢肯定。但毕竟是一个国家的,语言相通,好说话。我岳母大致说,北里自沽的老百姓都是好老百姓,是良民……反正好话说了一大堆,最后,老柴崎还真就退兵了。却把我岳母带到城里的宪兵队了,说是得调查调查。我岳母被关了十几天,听说没少挨打受骂。回来后,由于惊吓过度,病倒了,没几个月就死了。在这之前,村里人为报答我岳母,承诺等她百年之后,给她出个阔殡,好好发送老太太。可是适逢水灾和战乱,老百姓没钱啊,他们就每家每户拿出一捧高粱米为我岳母办了丧事。可见,村里人是多么感激我的岳母。

礼拜天

戴春恒,1931 年生,林亭口镇石碑村人。22 岁去沈阳北市场"澄英泉"澡堂子理发部学徒。出师后被留用。为补给家人,他利用礼拜天走街串巷去剃头。

采访时间:2015 年 9 月 8 日

利用礼拜天走街串巷去剃头

我是从林亭口镇石碑村走出的一名剃头匠。22 岁去沈阳北市场"澄英泉"澡堂子理发部学徒,出师后被留用。由于挣钱太少,拿不出富余钱寄给家里,为补给家人,只好利用礼拜天走街串巷去剃头。

那时候的澡堂子一到星期天就倒班休息，我的技术不是太好，所以几乎每个星期天，掌柜的都给我放假。我置办了一套剃头工具，到附近给人家剃头。开始生意非常惨淡，一天也剃不了几个头。我心里这个急呀，心话再没几个人剃头，我就回老家算了。正在我想打退堂鼓的时候，哎！我遇到一个老太太找我理发。老太太长得非常凶，嘴里叼着一根烟斗，抽的是关东烟，抽时，先在嘴里闷一会儿，然后使劲一喷，那个烟圈半天也散不了。老太太的头发花白，还不梳，就散着，跟那个白发魔女似的。我问她，老太太，您这个头是梳啊还是剪啊？她又喷了一口烟，不梳也不剪，剃光头。我以为她是在开玩笑，就又问了一遍，您这个头到底是梳啊还是剪啊？她把烟斗往凳子上一磕，直说剃光头剃光头的，你没长耳朵呀！嘿，我一听这口音，就像我奶奶说话似的，她肯定是宝坻人。我说好好好，您别着急，我就剃。说实在的，我头一回碰到这主儿，以前连听说都没听说过。这会儿老太太已经在凳子上坐好等着了。我拿起剃刀，一撩她的头发，发现她的后脖颈子上刻着一只黑蝴蝶。我再。也不敢想啥了，小心翼翼地把她的头发给剃光了。她站起来，照了照镜子，嗯，挺好的，多少钱？我说2毛5分。她说太贱了，我老太太的头发咋也值三块两块的，给你三块钱。我接了钱，道声谢谢。老太太没言语，又拿起她的烟斗。小师傅，受累，给老太太点上。我拿起一旁的洋火，给她点着烟。她靠在旁边的椅子上，闷了一大口，喷出来，烟雾中的老太太并没那么老。

从她那里出来，我也犯了烟瘾。于是去一家小商店，买了一个烟斗，去市场买了一把烟叶，躲到没人的地方，装满一锅，点

老人抽烟袋的花絮

着,闷了一口,呛啊!

　　直到现在,我还在想:她究竟是啥人呢?

屁屁溜儿

王殿玉,1934年生,林亭口镇邢各庄人。16岁去天津"立新理发馆"学徒。师傅混名叫屁屁溜儿,为人刻薄,人品差,从来不认真教手艺。师傅让买烟煤,偏买了无烟煤,结果挨打又挨骂。

采访时间:2015年9月8日

俗话说得好:师傅领进门,修行在个人。这句话不全是真理。本意是说,虽然有师傅教,但自己也要努力学习,这样才能把技术学得更好更精。所以说学剃头遇到一个好师傅也同样重要。我的第一个师傅就不是啥好东西,为人刻薄,人品差,从来不认真教手艺。这事听我从头说起。

我16岁那年,经我们村王殿英介绍,到天津河西区西大腕子"立新"理发店学剃头。老板是山东人,也是我的师傅,我没记住他的名字,却记住了他的浑名:屁屁溜儿。一听这个破名,您就能猜到这是个啥人物了,没正形儿,还不是一般的没正形儿,屁

我师傅有个浑名『屁屁溜儿』

屁溜溜地也没啥,他就像郭德纲《我是黑社会》里的大爷一样,没流儿。我刚去的时候,店里有吴师傅、宝坻张老人庄的王师傅。

　　刚去没几天,我就挨了老板一顿打骂。他非让我去买煤。当时他让我买大同块或烟煤,因为我在老家时,没烧过煤,不懂什么叫大同块或烟煤。结果我上了卖煤的当,买了硬煤,就是无烟煤,价钱贵。我师傅一看就急了,他妈的,你们家的锅炉就烧得起这煤吗?还没等我言声儿,他对我上边一个大耳光,底下又是一个窝心脚,把我踹出一溜滚儿。我捂着肚子,强忍着不让眼泪流出来。屁屁溜儿觉得不解恨,扬手又要打,被我的另外两个师傅拦住了,他还一个小孩子,您就担待着点儿吧!屁屁溜儿说,我担待他,谁他妈担待我呀?两个师傅一听,把家什(工具)一摞,不想干了。屁屁溜儿赶紧拦住他们,别走别走,算我倒霉。到了晚上,我谢两位师傅。他们说,你能忍就忍着点儿,掌柜的人性不好,以后给他办事多加小心。实在忍不住就走人。没办法,咱们家里都太穷了,老板再坏,总得赏个窝头吃吧,我委屈地哭了。

我寻思着快点儿把技术学到手,换家理发店,躲儿他!没想到,只要我站那儿一看他给顾客咋剃头的,他就赶我,去去去,一边去,眼里没活儿了?做饭去。我说这才几点呀,不该做饭呢。他说,去,给我买点儿擦脸的香去。我嘬着嘴去商店给他买香去了。我心话,今天晚上,那个女的又该来了,她一来,我就又得睡在外屋了,冷着呢。

我说的那女人,是我师傅的一个熟客,师傅给她烫头时我就觉得不对劲。两个人捅捅咕咕的。结果让我猜到了,师傅跟那个女顾客乱搞。我听那两位师傅说,人家有丈夫。我想,让你们坏,我故意把炉子捅灭了,冻得他俩直喊冷,屁屁溜儿想起来打我,又嫌冷,就在被窝里骂我,他妈的,你小子找死啊!快把炉子生着了。我心话,反正也干到头了,我把炉子点着了,故意多添烟煤,然后把炉子盖扔到一边, 好嘛,一会儿连里屋带外屋冒起大黑烟,我开门就跑了……后来听说,屁屁溜儿被公安局抓起来了,原因就是乱搞男女关系。

离开立新理发店,我又去河西区西关街"瑞生"理发店,老板李玉林待我不错,虽然我学艺不精,他还是让我在店里当师傅。6年后,赶上公私合营,我被安排到"新民"理发店,一年后,也就是1958 年,我又被派去支援天津钢厂,也是剃头,去天津北仓理发所干了几年,最后又去一家理发店,我忘了这家店名了,干了一年多。1962 年,回家支援农业。

我从剃头中得到的经验就是,人无论干啥,得有德行。

戏 迷

　　钱秉钢,1937 年生,黄庄镇陈甫亮村人。15 岁赴辽宁抚顺老虎台煤矿理发所学艺。亲眼看过师傅给到煤矿慰问演出的尚小云、马连良、张君秋等人理过发,看过他们演的《白蛇传》《望江亭》《七侠五义》等剧目。出师后,离开煤矿,夹包剃头。后来迷上评剧,经常跟随当地的一只小评剧团在一个叫"大力丸"的戏园子听戏,班主劝我别剃头了,跟我们学唱戏吧,先给我们跑龙套。结果被同乡陈绍文拦下了。

　　采访时间:2015 年 9 月 14 日

　　1951 年,我 14 岁,经同村陈绍文介绍去东北学剃头,地方在辽宁抚顺的老虎台煤矿矿工澡堂子里的理发所。理发所有我的老乡陈绍文、陈绍武、张海、王喜善、邓福田,他们都比我大。

　　老虎台还有我的二大爷, 叫钱金海,他这个人也没说过媳妇,光棍一个。我住在矿工的大筒子房,好几十人挤在一间筒子

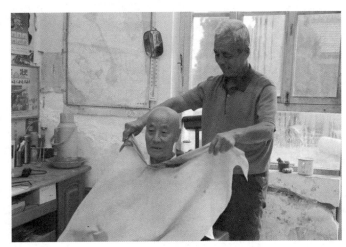

钱秉钢为乡亲们剃头

房。我和钱金海住在一起。我二大爷不会理发,但是我二大爷管我饭吃,我给他剃头,完全出于亲情,没有任何交易掺杂。

我的师傅是陈绍文。他对我很好,说话非常直,像个炮筒子。他让我每天去澡堂子的理发所看着。看剃头从哪里插刀子,从哪儿进推子。后来我看明白了,刀子由左边插进,然后向后边剃。我问过师傅,为啥由左边向后剃呢? 师傅告诉我,这是迷信说法,传说剃头的祖师爷罗祖就是这样剃的。我觉得那奏(就)是蒙人。可那会儿我从其他师傅那里还是听到了有关罗祖的事情, 我相信确实有这个人,那么他的剃头手法也不会是假的,只是没有必要全部按部就班罢了。但我也喜欢师傅那爽快的性格。后来,我悟出了剃头上的一些道理。要想剃好头,洗头是关键。一定要把头洗好了,因为你脑瓜顶这里疼,证明下边洗得透,不影响质量,等最后收的时候,由于脑瓜门子很敏感,剃到这地方一疼了,顾客不愿意,所以由这开始向后转,时间一长,这地方也软和了。因为

荡刀子

打的肥皂多，肥皂保湿，也好甩。最后剃头顶，头顶有油泥，过去的人脑瓜顶子油泥厚，其他地方油泥少，等剃完了，头顶的油泥基本化开了。

那会儿的老虎台煤矿兴隆得很，隔三岔五地就有文艺团队来煤矿慰问演出。其中不乏名角儿。我师傅就给尚小云、梅兰芳、张君秋、马连良等名家理过发，我和他们照过相，照片被贴在门市部的大橱窗上当广告用了。我那会儿手艺还潮些，只有在旁边打下手的份，即便这样我也很知足了。因为到晚上，就有大戏可看了。他们演过《白蛇传》《望江亭》《七侠五义》……演员每唱到精彩之处，我们就拼命鼓掌。有一次，我壮着胆子跟马连良说，马先生，啥时候能给我们剃头匠编出大戏啊？马连良拍了拍我的小肩膀，等你长大了来找我，我跟你一起编出剃头的大戏。我赶紧说，那你得把我们宝坻人写进去。知道知道，你们宝坻出剃头的，到时候我还要到你们宝坻去呢！

因为痴迷于戏曲，在我身上还发生过一段小趣事。那会儿，

刮
脸

我已经学了一年多剃头，我师傅对我说，是骡子是马也该拉出去试试了。于是，我开始夹包剃头。老虎台矿区周围非常热闹，尤其是抚顺欢乐园，打把式卖艺的非常多。我爱看戏，那时有一个张党评剧团，还有一个"大力丸戏园子"，我天天去看戏，戏班子的班主说跟我们学唱戏吧！我说我啥也不会。他们说，你刚 14 岁，先给我们剃剃头，再跟着跑跑龙套。正当我犹豫不决时，让陈绍文发现了，他说："你别去看戏了，万一你跟戏班子跑了，我没法跟你们家人交代。"

1953 年，我回到老家，其间，我参加村里的文艺队，我也试着编几段写剃头匠的小戏，可是一排练，咋也不行。气得我把稿子都给撕了。

三部曲

　　张禄祥,1933 年生,大钟庄镇大米庄人。15 岁到唐山"玉泉池"学习理发。给国民党头子刮过"鬼见愁"的胡子;在河北宾馆剃过"支左头"(万晓塘、林铁、胡启立);给过接杨三姐和高家一状的警察局长高步清剃过头,知道了成兆才排《杨三姐告状》时的一些内情。

　　采访时间:2015 年 7 月 27 日

　　我 15 岁去唐山"玉泉池"学徒。那里面有一百多个座位和一百多工人,包括看座的、理发的、修脚的。旧社会学徒受罪,不到六点就得起来干活。上班了,师傅干活,徒弟们在一旁看着。给师傅递手巾把儿、擦地……我学徒的时候是二月份,到五月份,我的两个师兄就出师了,他们留在了玉泉池。晚上练腕子,右手拿筷子,当剃头刀子;左手托着刷子,当人的脑袋。天天晚上下班练,师傅看着。刷子有弯儿,就从刷子把儿那儿随弯儿就弯儿地练，练了几个月，再练推子、剪子……练推子，大拇指不能动，其他四个手指动，如果一块动，推子就该摇头了，头发推不平，练推子，就是把推子放在抬起的胳膊

采访现场

上练。练剪子，正相反，大拇指动，其他不动，不然就使不稳，剪不齐……几个小时下来，胳膊和腕子酸疼酸疼的。后来拿真人脑袋练习，池子里不是有很多人吗？当时是，掌柜的每天都从其他部门调过几个小伙计，师傅让我们自己选，我们拉过一个就生剃。有的让我们剃得哇哇嚎……

不到三年，我就出师了。我是直接找的掌柜的，我说掌柜的，我可以出师干活儿了。掌柜的说口气不小啊！试试。我说您给我找个人。掌柜的把脑袋一递，现成的。是光头吗？啥头都可以，要是剃不好就滚蛋！我拿起刀子，三下五除二就剃完了。掌柜的都没用照镜子，只是用手划拉一圈，不错呀，拿提成没问题！开始是倒三七，就是我拿三成。当时玉泉池有大掌柜的，二掌柜的，还有代理人（替掌柜的管事，相当于总管）。

那时候，国民党的大小头头在里面理发不洗头，剃完了就在澡堂子里洗，洗完了再打上发蜡，吹风。当时用的就是青蜡，就是凡士林兑的香料和稀油，把头发全粘住了，跟舌头舔的一

样难看。

　　唐山有个南四镇：一是小集儿，离唐山市 40 里地；二是稻地，离唐山 18 里地；三是大新庄子；四是宋家营。南四镇驻扎国民党的自卫队。有一个姓姚的头子，瘦高个，连鬓胡子，长到嗓子那儿了，皮跟鸡脖子似的，有疙瘩，刮劲儿大了就流血，刮劲儿小了，他那疙瘩是活的，跟着刀子走，真不好刮。他还有一个习惯，往椅子上一躺，得看报纸。喉结被夹在脖子里，你还不敢不让他看报纸，还得给他刮，重了不行，轻了不行，刮不好就挨打挨骂。后来我们想了一个办法，在房顶上贴画，估摸着他要来，就换新的。最后他不咋看报纸了，仰头看画，趁这个机会，给他刮。哪个师傅赶上也是头疼，只好慢慢剃，刀子还得快，技术还得好，不过也没出啥大事。因为，他是"有身份"的人，都是当爷去的，啥张爷、李爷……你到哪儿都吹胡子瞪眼，谁还拿你当爷，虽然不敢理你，人家不跟你这伺候人的要横。但是你不能惹他。他有他做人的一套道理，我们也有我们伺候人的办法。

　　关于放睡里面提到的打眼工具是用骨头做的，跟织毛衣的针差不多，头儿上有一个跟绿豆粒大小的小圆疙瘩，把眼皮翻过来，用小疙瘩蹭里头，主要是打眼好受，眼皮一痒痒舒服着呢。掏耳朵用镊子和耳掸，用大雁尾巴尖的绒毛绑在竹签上，用耳勺和镊子掏完后，再用绒毛一掸。

　　中华人民共和国成立后，成立工会。跟资本家签订劳动合同，我是浴池业的工会委员，那时我才 16 岁。整个唐山有 8 个浴池：最大的叫馨园，还有玉泉池、浴香园、本华池，以上是一级浴池。二级的有瑞兴池、浴发泉、永顺、欣园。那会儿浴池的大门上都贴对联：

沐浴精神爽 泉阔水流清

和我一块剃头的宝坻老乡有老庄子张廷唤，新寨宋德贵，八门城白玉涿，大褂庄子杨士清，南鲁沽吴志合和南里沽刘涿。

后来因工作需要，我被调到"祥记理发馆"理发兼管理。1962年，调到原唐山军分区理发部。给司令员卢彦山理过发。干了两年。1964年，取消部队里的军人服务社，我就回工会了。工会又盖了第四浴池，干了一年多，那时我31岁。1964年9月底，河北省河北宾馆（现在的河西区一带）要人，去了三个人，一个搓澡的叫刘生，一个做饭的是韩师傅，我是剃头的。干了五年。我就负责给县委书记级别的理发，包括咱宝坻的书记单博文。1969年之后，我给王一、肖思明、万晓塘、林铁、刘子厚，还有天津的其他领导都剃头。过了一段时间，我就从河北宾馆借调到市委了。改革开放后，给张再旺、陈伟达、林呼加剃过头。

当时唐山市管理四个县，东边兰县，北边丰润，西边玉田，南边更阳（现在的丰南区）。我还听说一段关于杨三姐告状的鲜为人知的故事。头一状告到警察局，局长叫高步清，给他剃头时，他亲口告诉过我，案子结后不长时间，成兆才就把戏编出来了。之前他找过高步清，他没让把自己放进戏里头。不然，戏里肯定有他。

1994年，我退休回家。

"杨三姐"

王文荣,1937 年生,黄庄镇北里自沽村人。12 岁在迁安县
(今迁安市)"福顺理发店"跟着五位宝坻师傅学艺。出师不久,入
公社理发所。其间教过徒弟,遇到各种难缠的人。在服务行业支
援农建时期,赴杨三姐家乡滦县甸子村附近开挖河道,以买鸡蛋
为名,见到戏里原型杨三姐,满足好奇心。

采访时间:2015 年 9 月 13 日

1949 年,我 12 岁,家里发大水。在沈阳开剃头棚的父亲回
来,接我们全家去沈阳。我们坐船刚到滦县,遇见了剃头的老乡
李宝德,我父亲问他,在滦县剃头可以吗? 李宝德说可以,你们别
去东北了,大老远的,折腾啥? 结果我们留在了滦县。父亲夹包到
厂矿机关转了几天,觉得生意还不错,我们就住在滦县城里了。
我们在离车站 5 里地处租了一间小房,我们一家住在那里。我父
亲给我找了一间剃头屋子,师傅是迁安县李胜河,屋子叫"福顺

理发馆"，一共有五个师傅：黄庄孟庆海，葫芦窝张耀龄……都是宝坻人。掌柜的不会手艺。

我为啥待了三年，没给我挪地方呢？当时买东西干啥的，他给人家的钱都没数。往我手

我们坐船刚到滦县

一搁，那时候没有发票，开张白条，打个戳，都买啥东西，剩下的钱交给掌柜的。一对账，分毫不差。有一天，师傅们都下班了，脱下白大褂往墙上一挂。我因为手太小，洗不了白大褂，就抢着洗手巾。坐在小方凳子上，把手巾泡在水盆里，正洗着呢，掌柜的故意往地上扔三两块钱。问师傅，咱扫地扫出三块钱，也不知道是顾客落的还是哪位师傅掉。王文荣这钱是不是你掉的？我说我没掉过钱，您还是问其他师傅吧。掌柜的也没问，说这个钱咱们交柜……掌柜的整试我三次，才信任我。要是不诚实早就不要我了。

1952年我出师了，那时候是"双过渡"，过渡到国营公社。

我在国营理发店干了六年。三排椅，人员记不清了，大概是15个人，宝坻人占三分之二。我到那里就是师傅待遇了。在1958年，来了一批学过轻工的妇女，到这里来学剃头，我负责教她们。我记住了其中几个人的名字，有方翠萍、方素芝、王庆兰、冯庆婷……后来她们出师了，还给我送了一个笔记本，上面签着她们的名字，还有一段感谢的话，大概是说：谢谢恩师无私的传授给我

们剃头技艺。

1961 年，家里粮食丰收，红高粱四五块钱一斤，在外面剃头可挣不了这些钱，我就回家了。

这六年中，有些故事记忆犹新。

遇到过一个地痞流氓，我们就用行话对付他："逢圣必广"意思是他不老实，给他快剪，好歹糊弄糊弄得了。你不能这样直接说啊，所以说行话。给钱叫"掉把"，这样问，他剪完走了，掉把没有啊？我记得当时把那小子给唬住了，一分钱没少给，估计谁听到这话，心里也害怕。

我在三十多岁遇到这样一个人，一看这个人就不好伺候。就说咱们注意点儿，好好给他理发。剪完之后，他拿两个小镜前边后边对着照。他说这边长点儿，咱们耐心去点儿，他说还长，我还耐心去点儿。到了第三遍，他还挑事儿，还说长。我心话，小子，你这是成心捣乱。这回我给你着实儿剪短，看你还说长不长。我就

王文荣的小理发店

来了一下子。他一照,哎呀!剪得太短了。我说,长点儿有法去,短了就没辙了。那小子就想打我,我抢在他头里上去就是俩大脖溜子,打完就跑了,经理爱咋处理咋处理吧!

在这期间,我听过杨三姐的故事。杨三姐是滦县南边笨城冯苟庄。李广泰是我们的经理。那会儿服务行业也有任务,比如挖渠。他说去那边挖渠,想看看杨三姐,结果我们起早贪黑也没看到杨三姐。后来我想了一个辙,咱们去她家买点儿鸡蛋(那时候杨三姐的案子已经结束了)。记不清是几几年了,结果看到了,大高个子,大概有四十岁,脸上有几个小白麻子。我们对她说,想到您这里买几斤鸡蛋。她说今个没有啊!我们一听就走了,看上去,她是个很普通的农村女人。

1961 年回家后,我在村里理发,一直到现在。

山东堡

单秀荣，1938 年生，林亭口镇小单庄人。由十几岁就给村里人剃头。20 岁去沈阳正式学剃头，6 天后开始夹包剃头耍手艺。常去沈阳北市区，那里有个地方叫山东堡，百分之八十是山东人，在那里耳濡目染了一些轶事、趣事。

采访时间：2015 年 8 月 23 日

1958 年，我去了沈阳，投奔姨家。我到那儿之后，待了一个多月，没找到合适的事做。当时我的两个表兄张坤林和张德林都是剃头的，他俩劝我跟他们学剃头。我姨夫说，你俩干的时间也不长，能教好吗？于是我姨夫把我介绍到他姐开的理发馆。她姐是宝坻大辛庄人，是个寡妇。她本人不会理发，雇了四个人，都是宝坻人，两个师傅，一个姓尹，西河口；一个姓杨，王建庄；另外两个是徒弟，比我早（名字忘了）。结果我在那儿只学了六天剃头和刮脸，他姐就让我出师了。因为我在老家给村里人剃过头。当时他

那里有个地方叫山东堡

姐说,你可别多想,一个是你有基础,到外面锻炼几天就能上手了;再一个我的小店生意确实也不是太好,总不能让你在我这儿打杂儿。

回去我跟姨夫一学,他说,那你就夹包剃头吧。北市区、南市区、北陵……哪儿都去。那时我二十出头,夹包剃头需要办证,当时就是一个小铁牌还是小铜牌,我也忘了,反正没有牌就不让散剃。我没牌,偷偷地剃头。时间长了,挨几回逮,和那些人也就熟了,也不怎么管了。更主要的原因是那些管理人员基本上都是宝坻老乡。

当时有个叫于得水的宝坻人,告诉我,你别总在城里溜达,往城边跑跑,北陵那地方,天高皇帝远,没人追到那儿去检查。我听他的话,夹着包就往那地方去了。那里是清朝皇帝的祖坟,很荒凉,有石人石马石骆驼,据说是努尔哈赤的父亲,多尔衮的爷爷,他们真正的老家在长春。那儿有三座大坟,前边一个大的,后面两个小的。坟后有一片树林,穿过林子,有一个地方,搭的一座座小窝棚,因为山东人多,所以叫山东堡。他们都是穷苦人,卖胳膊头儿的。干啥的都有,送煤的多,用小推车送。

有一次,一个妇女喊我,师傅,剃头。我走进他们的小窝棚。妇女说,您给我的儿子剃剃头。一个看上去只有十几岁的小小子出来了,长得前锛了后凿子,那叫不好剃,剃完了,问我多少钱,我看他家也穷,就没好意思多要,我说平常1毛5分钱,现在只跟你要1毛钱。她没给钱,我说已经够贱的了。她说,师傅我不是这意思,还有一个呢,一块算吧。刚说完,又出来一个一模一样的。剃完说别收拾,还有四个呢!感情这家共三对双胞胎,都是小子。后来他们成了我的主顾。临走时,我还专门去了一趟她家,说要回家了,你们再找师傅剃吧。

还有一个印象深刻,有一个二十来岁的姑娘叫我进去,里面有一个老头,脑袋没平的地方不好剃,老头儿说她不是我闺女,是为我管养的。原来老头儿是女的家长工,她家是大买卖家,让山上胡子(土匪)抢了,那会女的刚三个月大,烧房时,全家逃散,听屋中有哭声,老头儿浸湿棉袄将她救出,头被烧伤。带着女孩回到老家,一直抚养成人。家里人还以为他们被烧死了,也没找。为了报恩,姑娘想以身相许。老头儿不干,两个人执拗一阵子。姑娘没办法,最后说,那我就伺候您,一直到终。老头儿勉强答应了。

还有一个老头儿姓王,我给他剃头时,让我干剃,不用胰子和水,我没敢使劲,结果他嫌头一遍轻,说不行,让我重来一遍。老头儿见我疑惑不解,就说,因为我有皮肤病,叫干癣病。剃头时必须见血,这才好受。我听明白了,就给他四面戗着剃,剃完后流的都是血。他一摸脑袋说，这回好了，每个月 20 号，不用叫你就过来，还是这样剃。

还有沈阳一号楼，在三楼上，一个小老头儿听口音是杭州人，看不出有几根头发，南方人剃头讲究。洗完擦干还用爽身粉，一般的这种头看着少，剃完一干了，都立起来。因为头发茸、发质软，只能用扑粉，头发发脆，立起来才好剃。南方人更讲究刮胡子，要上压下轻，两边燕胡，多了也不行，少了也不行。我把他伺候得高高兴兴。他说我让好多师傅剃过头，都不如你剃得干净剃得舒服，我 20 天剃一次，也别等着我叫你。说完，请我抽烟，牌子叫大生产，又喝了一杯茶，我才回去。就这样，我就照他的话做，只是每次都没给钱，我也不问，我心里有底。当时是五月份，一直剃到过了年，大概七八次了，他才说师傅，我要回家了，等到热时候我再回来。以前一直没给钱，这次算清了，我也不给多了，你也别争，一共给你五块钱，那时候也就两三块钱。临走，又送我一盒大生产香烟，还特意包了一小包茶叶。老头儿说，等我回来，如果还能遇上，咱再续缘。

毛遂自荐

张洪喜,1933 年生,周良街道小庄子人。18 岁去北京永定门外"群力理发店"学艺。一年后出师,夹包"跑散"(行话),又苦又累。1958 年,偶然的一个机会进入北京吊车机械厂,在库房工作。后来看到理发部师傅的手艺并不太好,也缺人手,就鼓起勇气,毛遂自荐,被人事科长相中,被分到厂部理发室。

采访时间:2015 年 8 月 24 日

1945 年,抗战末期,我 12 岁。日本讨伐队打中登,我们就跑,叫"跑反"。国民党也有讨伐队,1947 年到 1948 年,国民党马队由牛家牌过河,先到尹家铺再到马营后到我们庄。我们庄西北有块坟地,国民党架起枪支,向我们射击,我们往东北方向跑。那时候,我在儿童团,站过岗,放过哨。

1951 年,我 18 岁,那时候家里被水库围着,家里穷。我北京有一个叔叔,是西河口的叫张玉德,他介绍我去北京永定门外的

一言难尽

群力理发馆，里面一共四个人。有西河口的张玉德、乔振生，新寨的雷信，北京的马师傅。到那儿就跟着人家学手艺，打扫卫生，晚上就在那里吃那里住。学了一年多，19 岁出师，开始夹包剃头，在永定门外东铁匠营，都是工人家属，还有木樨园，都是普通老百姓。那时候，一个头 2 毛钱，小孩儿是 1 毛 5 分。干了一年多，我又去了北京东城区，找我们老乡，叫来国宾。我们两个人合租了一间房，我把户口弄那儿去了。白天出去干活儿，晚上一块生活。1958 年，我去北京郊区剃过头，那里都是菜园子，旁边的工厂刚发展，刚有国棉一厂和二厂。

后来我去了北京吊车机械厂，是通过招工去的那个厂了，每月工资 30 块钱。厂子成立了理发部，有六七个人。我总去理发部剃头，待了一年。去理发部之前，我在库房工作。后来，我听说人手不够，我说我也会理发。领导一听挺高兴，就把我分配在理发部了。在理发部干了两年，挣钱太少，就回家了。

　　还有一个小笑话，那时候我有一个师傅，叫杨德春。晚上去住店，服务员是一个小女的，正抹眼泪呢，样子挺不开心的。杨师傅说，我能把她逗乐。结果，小女孩在登记时问他，先生您贵姓？他说，我免贵姓杨啊。您大号怎么称呼？我叫杨 deng ken（都是一音）。小女孩想了半天不会写这几个字，又问，您的字是什么？他回答，我字 ya bia（都是一音）……小女孩一听，就乐了。一看她乐了，我师傅赶紧解释，姑娘别在意，我看你不高兴，故意逗你几句，一笑了之，有啥大不了的事？女孩给他钥匙时还道了声："谢谢先生。"

传说

古往今来，宝坻剃头技艺被大众所熟知，关于剃头的传说更是被广泛流传。在口耳相传中，一下子使这门技艺充满了浪漫色彩，在这里，向讲述、搜集、整理关于宝坻剃头传说的康绍亮、闻煜等众多文化工作者表示感谢！

剃头行业神出自宝坻

剃头的行业神叫罗道士,相传是宝坻人,本是清代专给皇上剃头的一个太监。在清宫内,设有"按摩处",职责不仅为皇上按摩,也为皇上剃头。其中,剃头太监被称为"清发太监",而做按摩的被称为"按摩太监"。起初,给皇上剃头拉了口子是要处死的。可是,由于工具落后,加上太监们给皇上剃头不免手怯,虽万分小心也避免不了拉口子,所以总有些很好的剃头师傅被处死。相传,太监叫罗道士,是宝坻贫苦人家的孩子,净身后入宫的,因较能干晋升为领班。看到这种情况忧心忡忡,他琢磨来琢磨去,发明了一种新型剃头刀。这种剃头刀将刀片两侧都夹上竹片,仅露出少许刀刃。这样,剃起头来,既不会拉伤头皮,又可防止清发太监"行刺"皇上,上下都满意。这就是后来用的木把儿橘子瓣儿形的剃头刀。这种剃头刀不但救了不少清发太监的命,传到民间后还提高了理发业的工作效率。剃头匠为了感激和怀念罗道士,就把他当作行业神,供在家里。

宋太宗与剃头挑

宋太宗在一份奏折上把玉皇大帝的"大"多点了一个点，变成了玉皇犬帝。一下把玉帝给气坏了，非要杀他不可。最后众神们紧说和慢说和地免了死罪。可要皇上三天之内提一万名盗贼在一万杆儿旗杆下边削头示众，将功赎罪。

皇上发愁了，三天时间太少。可巧下边有个聪明官捉到一个叫石千的盗贼，十千就是一万，对付对付能凑合过去。这一万根旗杆下削头可咋办？把皇上急得没辙就到乡下乱转。

这天来到宝坻县，看到街上有人剃头，师傅拿着刀子跟削头一样，旁边放着剃头挑子，挑子上竖一根木杆，木杆上支着一条手巾，跟小旗杆一样。这不就是在旗杆下削头吗？这回可乐了，马上传旨，把剃头挑子上的小旗杆挂上旗子，让老百姓全去剃头。

打那儿以后，宝坻县剃头的就多起来了。

剃头挑子上的小旗杆

　　谁都知道,宝坻县出剃头的。听说是康娘娘留下来的。

　　过去官宦人家,门前都有旗杆。康娘娘惦念宝坻县,想多出些官。跟皇上说:"给宝坻县多插点旗杆。"皇上问:"给多少好呢?""三千六百个。"皇上一想,宝坻县怎能出三千六百个官哪,出那么多官不就反了吗?很为难。他找大臣一商量,把这三千六百个旗杆都插在剃头的挑子上。结果出了三千六百个剃头的。传下来,宝坻县剃头的当然就多起来了。

乾隆皇帝剃头的故事

　　乾隆皇帝下江南游玩,路过天津卫。天晚了,就住在龙亭行宫里。转天清早起来,乾隆问随从太监:"今天是什么日子?"太监说:"启禀皇上,今儿个是二月二。"乾隆听了很高兴。说"好! 今天龙抬头。我要剃头,取个吉利。"于是命太监去找一家手艺高的剃头铺。

　　话说找到的这家剃头铺有三个师傅,几个伙计,乾隆让手艺最好的师傅给他剃头,并对他说:"给我剃头有两个条件,第一,不许给我刮疼了,第二不许说话,免得你嘴有味儿。否则……"乾隆这么一说可把剃头师傅吓坏了,你想,给皇上剃头,本来就有些紧张,他再这么一说,能不害怕吗? 太监让剃头师傅口中含些砂仁,去除口臭。师傅荡一下剃头刀,就去给乾隆剃头了。师傅的手净剩哆嗦了,哪有心情剃头啊! 剃着剃着,果不其然,在乾隆头上拉出个口子。乾隆大怒,于是杀了这个师傅。命太监又找了一个师傅给他剃头,其他人见势不妙,假借上厕所就都逃走了。店里可就剩下了乾隆、太监、剃头师傅和一个小伙计。不一会儿，这个剃头师傅因为上一个师傅出错被杀，更加紧张。他这一紧张，又给乾隆爷脑袋上拉出一口子。当然了，这个也得杀。这下店里能给乾隆剃头的可就剩下这个小伙计了，这小伙计是宝坻人，因为家乡闹灾荒，逃难到天津卫求条生路，就在这家剃头棚里学手艺。别看他年纪不大，可人聪明勤快，是个机灵鬼儿。他正在拿着剃头刀刮冬瓜皮上的白霜，一刀接着一刀，刮得利索干净。其实，小伙计早已练好功夫，很想找个头试试身手，可掌柜的就是不让他上座。

见师傅们杀的杀，逃的逃。他心想，反正我手里拿着刀子了，给他拉出口子，我先给他杀了，再自杀，那我可赚了，拉个皇上给我垫背。于是他和皇上说："我给您剃。"太监不放心了，两个师傅都不行，何况你个小徒弟，他向皇上保证，不会拉出口。乾隆心想，已经这样了，不剃完这样出去成何体统，于是就让他剃了。小伙计不慌不忙，也不紧张，给乾隆剃完了。别说，还真没拉出口子。乾隆照了照镜子，挺好，挺高兴的，就问他，为什么你剃就没事，两位师傅剃就不行。小伙计说，因为您太凶了，两位师傅害怕，剃头时手都哆嗦，就会让您受伤。乾隆一听有理，于是厚葬两名剃头师傅，并把这个小伙计带到宫中，专给自己剃头。

正月剃头死舅舅的传说

相传有个剃头师傅,手艺是他舅舅传给他的,他的手艺也很有名气。一年正月,他舅舅去世了,他很伤心,决定每年的正月不剃头,以缅怀舅舅传艺之恩。后来,"正月不剃头,思舅舅"这个说法就传开了,并且以讹传讹,演变成"正月不剃头,剃头死舅舅"的荒唐说法。许多人由此认为,正月里剃头,是对舅舅的不敬,也就不去理发店剃头理发。其实二者并无关系,更没有任何科学根据。

此说流行的另一种可能为:在当年的剃头业中,师傅们大多整年在外忙碌,正月里很想回家过年,或走亲访友,但又怕影响了日后的生意,就借此给自己的行业制定出"长假"。理发店师傅的缺位,也使"妨舅"的传说越传越广,故正月不剃头理发成为许多人遵从的俗例儿。

剃头师傅智做买卖

宝坻人出去剃头的人大多挑个剃头挑子，到处走街串巷去给大人孩子剃头。出去半年再往回返，聚少成多，一年下来能赚不少钱。一天碰上一位倔犟的山东老哥要剃头，问："多少钱剃一个头？"剃头师傅说："两毛钱一个头，"山东老哥说："我剃一毛钱的行不行？"剃头师傅很客气地说："行！"顺手从挑架上取下一个小凳子放在地上，请剃头的坐下，给他围上围巾，用水把头洗湿了，拿起剃头刀子，在背刀布背几下刀，然后开始剃头。剃头师傅很迅速地把一毛钱的头剃完了，又拿起镜子请剃头的看一看行不行？山东老哥一看剃半个头就发火了，问："怎么给我剃半个头啊？"剃头匠笑着说："咱两毛钱剃一个头，你剃一毛钱的咱不给你剃半个头吗？"把山东老哥气得两眼冒金花，剃半个头多难看，也不能走啊，无奈只好又掏出一毛钱把那一半头也剃了。剃头师傅不争不吵笑嘻嘻地把两毛钱赚到手，挑起担子说一声客气话："再见，希望下次还给你剃头。"又走街串巷剃头去了。

文艺作品中的宝坻剃头

当代文学艺术界作品中，宝坻剃头业和剃头师经常被提到。如著名文学家冯骥才在小说《神鞭》中，就塑造了一位被人收买但又良心不泯的宝坻籍剃发师，也提到此人在学艺中剃老冬瓜等民间流传极广的说法。

在传统相声中，宝坻的剃头业和剃头匠是一个常被提起的话题。凡是段子涉及剃头的内容，无一例外都与宝坻有关。如清代和民初常说的相声《怯剃头》，无论哪个版本，演员学剃头师傅说话都是用的宝坻口音。老一辈如马三立、郭荣启，后辈的李伯祥、杨少华、马志明等很多相声演员都在段子中提到过宝坻的剃头业，通常演《地理图》都会说："剃头的，哪儿人多？宝坻县人多！"这个垫话在很多传统相声中都有使用，流传很广。而郭荣启在《杠刀子》则直接取材于剃头行业，抖的包袱为：一个穿着讲究、举止文雅的宝坻籍理发师，曾让以眼力著称、一打量就知道来人职业的女主人"高眼"无计可施，直到最后敬酒的时候，职业习惯让他漏了"馅儿"——手一直在做杠刀子（即荡刀子）动作，使"高眼"恍然悟出是剃头师傅。当然，也有一些揶揄宝坻剃头师傅不小心，剃掉顾客眉毛的包袱。

在口头文学中，流传最广的是一个新出科的剃头师傅，因学艺时习惯将剃刀随手戳在练习用的老冬瓜上，某次在给人剃完头后，又习惯性地误将剃刀戳在了顾客的头上。此说虽无可考，但宝坻剃头理发行业却尽人皆知，并深以为鉴，故宝坻剃头师傅为人剃头理发均十分认真，口碑极佳。

有关剃头的歇后语

剃头挑子——一头热。剃头匠人担着挑儿，手里拿着一尺余长的镊子状的金属"音叉"，俗称"唤头"，以铁棒在其中间拨动，发出悠长的颤音，用以招徕顾客。为用热水方便，只要出"挑儿"，小火炉的火就得生着。因而便引出了"剃头的挑子——一头热"的说法，引申的意思是说，当事人双方只有一方表示热情、关心、主动，而另一方则表现得冷淡、漠然、迟缓。

剃头的不打唤头——没想(响)了。借"想"与"响"谐音，变成"没想儿了"，说明一件事没有希望、没有成功的可能，就不要想了的意思。

后记

剃头是宝坻民间技艺中的一朵奇葩,挖掘、保存、传承、弘扬剃头文化,是我们的一种责任,一种义务。

自 2015 年初,我和众多热爱这片热土、热心民间文化事业的文化工作者、业余爱好者开始挖掘这份民间文化遗产。

在采访过程中,我体会最深的就是老一辈剃头师傅们不屈不挠、持之以恒、团结一致,还有无私奉献的精神。有的躺在病榻上,回忆当年的快乐;有的虽然病入膏肓,讲起剃头来,却精神抖擞;有的行动不便,执意为我们演示剃头的绝技,生活的酸甜苦辣把他们打磨成个性鲜明的宝坻剃头匠。在本书编辑过程中,一些老师傅已经驾鹤西归,留下无限遗憾。

在《顶上功夫:宝坻剃头匠的历史记忆》编写过程中,得到了徐凤文、李志邦等专家学者的指导,得到了宝坻区各级领导的关怀和有关部门的倾心协助,为《顶上功夫:宝坻剃头匠的历史记忆》得以顺利问世提供了坚实保障。在此,我谨向所有为之付出了心血和劳动的有关领导、学者,积极为我提供线索的各街镇和相关村、社区的领导、朋友和各位讲述者表示最诚挚的谢意! 这次本书正式出版,还得感谢天津市问津书院和天津社会科学院出版社,是他们不计猥陋将本书纳入"天津记忆"系列丛书之中。

《顶上功夫:宝坻剃头匠的历史记忆》共有 104 篇故事,在形式和格调上最大限度地保留了讲述者方言口语特色,这些作品绝大多数是自抗日战争以来,通过宝坻剃头匠在全国各地的剃头生涯,反映了当时中国社会的历史风貌、风土人情、时态变迁的一个侧影。是搜集整理者的汗水,也是讲述者、传播者的心花。

特别值得提出的是,本书的出版得到了宝坻区戏剧曲艺创作研究会会长蒋宝和,宝坻区文化馆李寿祥老师的鼎力帮助,以及宋健、李宝林、王宗征、张殿成、孙玉树、于瑞坤、刘宝明、白严严、张洪磊、刘健等学者和文化工作者的大力支持,在此,我表示真诚的感谢!

最后,由于作者编写水平有限,纰漏之处肯定不少,诚望有关学者和民间文学研究者批评指正。

剃头,曾被叫作乞丐行当,是下九流的活计。勤劳善良的宝坻剃头匠永远不用语言去争辩,他们用高超的技艺,纯朴的艺德,默默打动着顾客,打动着这个世界。只有人变美了,宝坻才能变得更美好,世界才会变得更美好。

让我们向宝坻剃头匠致敬!

甄建波 2016 年 10 月

《问津文库》已出书目

（总计 78+3 种）

◎ 天津记忆

品报学丛.第三辑　张元卿、顾臻编　　　　　　48.00 元

刘云若传论　管淑珍著　　　　　　　　　　　48.00 元

品报学丛.第四辑　张元卿、顾臻编　　　　　　58.00 元

◎ 三津谭往

三津谭往.2013　王振良主编　　　　　　　　39.00 元

三津谭往.2014　万鲁建编　　　　　　　　　39.00 元

三津谭往.2015　孙爱霞编　　　　　　　　　48.00 元

三津谭往.2016　孙爱霞编　　　　　　　　　58.00 元

三津谭往.2017　孙爱霞编　　　　　　　　　68.00 元

◎ 九河寻真

九河寻真.2013　王振良主编　　　　　　　　59.00 元

九河寻真.2014　万鲁建编　　　　　　　　　59.00 元

九河寻真.2015　万鲁建编　　　　　　　　　88.00 元

九河寻真.2016　万鲁建编　　　　　　　　　98.00 元

九河寻真.2017　万鲁建编　　　　　　　　　98.00 元

◎ 津沽文化研究集刊

《雷雨》八十年　耿发起等编　　　　　　　　55.00 元

陈诵洛年谱　张元卿著　　　　　　　　　　　48.00 元

碧血英魂:天津市忠烈祠抗日烈士研究　王勇则著　　98.00 元

都市镜像:近代日本文学的天津书写　李炜著　　　38.00 元

天津楹联述略　李志刚著　　　　　　　　　　36.00 元

口述津沽:民间语境下的西沽　张建著　　　　　56.00 元

口述津沽：民间语境下的西于庄　张建著　　　　　　108.00元

紫芥掇实：水西庄查氏家族文化研究　叶修成著　　58.00元

芦砂雅韵：长芦盐业与天津文化　高鹏著　　　　　58.00元

王南村年谱　宋健著　　　　　　　　　　　　　　78.00元

国术之魂：天津中华武士会健者传　阎伯群、李瑞林编　78.00元

来新夏著述经眼录　孙伟良编　　　　　　　　　198.00元

◎ **津沽名家诗文丛刊**

王南村集　王煐原著/宋健整理　　　　　　　　　68.00元

严范孙先生古近体诗存稿　严修原著/杨传庆整理　48.00元

星桥诗存　苏之銮原著/曲振明整理　　　　　　　58.00元

退思斋诗文存　陈宝泉原著/郑伟整理　　　　　　88.00元

待起楼诗稿　刘云若原著/张元卿辑注　　　　　　42.00元

刘大同诗集　刘建封原著/刘自力、曲振明整理　　88.00元

碧琅玕馆诗钞　杨光仪原著/赵键整理　　　　　　58.00元

石雪斋诗稿（附遂园印稿）　徐宗浩原著/张金声整理　68.00元

紫箫声馆诗存　丙寅天津竹枝词　冯文洵原著/杨鹏整理　88.00元

◎ **津沽笔记史料丛刊**

严修日记（1876—1894）　严修原著/陈鑫整理　138.00元

桑梓纪闻　马鸿翱原著/侯福志整理　　　　　　　42.00元

天津县乡土志辑略　郭登浩编　　　　　　　　　98.00元

严修日记（1894—1898）　严修原著/陈鑫整理　128.00元

周武壮公遗书　周盛传原著/刘景周整理　　　　　128.00元

天后宫行会图校注　高惠军、陈克整理　　　　　128.00元

津门诗话五种　杨传庆整理　　　　　　　　　　78.00元

《北洋画报》诗词辑录　孙爱霞整理　　　　　　198.00元

◎名人与天津

李叔同与天津　金梅编　　　　　　　　　　　68.00元

我与曲艺七十年　倪钟之著　　　　　　　　　68.00元

◎随艺生活

方寸芸香:藏书票里的书故事　李云飞编　　　　98.00元

问津书韵:第十三届全国读书年会文集　杜鱼编　78.00元

开卷二○○期　董宁文、董国和、周建新编　　　168.00元